［日］岸见一郎 著
佟凡 译

爱的勇气

阿德勒的幸福哲学

中国科学技术出版社
·北京·

Original Japanese title: ADLER NI MANABU II: Ai to Kekkon no Shosou
Copyright © 2012 Ichiro Kishimi
Original Japanese edition published by Arte Publishing Inc.
Simplified Chinese translation rights arranged with Arte Publishing Inc.
through The English Agency (Japan) Ltd. and Shanghai To-Asia Culture Co., Ltd.

北京市版权局著作权合同登记 图字：01-2021-4968。

图书在版编目（CIP）数据

爱的勇气：阿德勒的幸福哲学 /（日）岸见一郎著；佟凡译. —北京：中国科学技术出版社，2021.11（2024.7 重印）

ISBN 978-7-5046-9237-5

Ⅰ.①爱… Ⅱ.①岸… ②佟… Ⅲ.①恋爱—通俗读物 ②婚姻—通俗读物 Ⅳ.① C913.1-49

中国版本图书馆 CIP 数据核字（2021）第 210700 号

策划编辑	申永刚　王绍华
责任编辑	申永刚
封面设计	马筱琨
版式设计	锋尚设计
责任校对	吕传新
责任印制	李晓霖

出　　版	中国科学技术出版社
发　　行	中国科学技术出版社有限公司
地　　址	北京市海淀区中关村南大街 16 号
邮　　编	100081
发行电话	010-62173865
传　　真	010-62173081
网　　址	http://www.cspbooks.com.cn

开　本	880mm×1230mm　1/32
字　数	92 千字
印　张	7
版　次	2021 年 11 月第 1 版
印　次	2024 年 7 月第 2 次印刷
印　刷	北京盛通印刷股份有限公司
书　号	ISBN 978-7-5046-9237-5/C・182
定　价	59.00 元

（凡购买本社图书，如有缺页、倒页、脱页者，本社销售中心负责调换）

译者序 回归自我 拥抱幸福

这几年经常能听到一个高频词语——原生家庭。如果一个人缺爱、总是表现得患得患失，就是父母没有给他足够的关心；如果一个人自私，就是父母对他太过溺爱。总之，所有问题仿佛都能归结于原生家庭的不好。

在亲密关系领域，家庭同样是择偶的重要因素。单亲家庭的孩子不好找对象，"妈宝男"更是被女性避之不及。

小时候的家庭生活自然会对一个人产生影响。阿德勒也指出"任何人都会从小时候开始就在心中创造出一个理想的异性形象"。比如很多男性将母亲视为理想形象，寻找和母亲相似的女性结婚，而如果小时候和母亲的关系紧张，就会试图寻找和母亲类型相反的女性结婚。

爱的勇气　阿德勒的幸福哲学

可是若将所有问题回溯到童年,从原生家庭中寻找原因,不就是给了我们一条逃避的道路吗?让我们能够理所当然地将问题推到别人身上,而不是在自己身上寻找原因,这也给了我们不去解决问题的借口。

不是所有小时候父母不在身边、没有被足够关心的人都会患得患失;不是所有在溺爱中长大的孩子都会自私自利。给别人贴上与原生家庭有关的标签,既是给了他们借口,也失去了看到他们真正内心的机会。

阿德勒的个体心理学则为我们提供了一个全新的视角,他告诉我们,每个人都是独立的个体,有能力也有权利选择属于自己的生活方式。只要愿意,生活方式可以由自己来改变。

恋爱与婚姻会在我们的人生中画下浓墨重彩的一笔。在最亲密的人面前,我们展现出了最真实的自己。两个人的生活方式会发生最激烈的碰撞,如果双方都不愿意改变,恐怕结果多半会是两败俱伤。

岸见一郎在这本书中教给我们最重要的一件事,就

译者序
回归自我　拥抱幸福

是生活方式是可以主动改变的。人们要为自己的选择负责，只有充分发挥主观能动性，才能回归真正的自我，拥抱属于自己的幸福。

说到底，恋爱关系不过是一种人际关系，只是更加亲密，更加深入，所以遇到问题时会更难处理。就像第五章中写到的那样，恋爱关系和所有关系一样，相互尊敬、相互信赖、同心协力、目标一致才能构建良好的亲密关系。而与其他人际关系不同，恋爱关系中不存在第三者，所以集中力是亲密关系的必要条件。

关于集中力，书中对异地恋的描述让我印象深刻。

"最好的情况是分别后才发现没有约好下次见面的时间。只有度过一段满意的时光，尽情地享受与对方在一起，才会忘记约定下次的见面。能够度过这样一段时间的两个人不需要刻意追求'下次'，'下次'会自然而然地到来。"

集中力在现在这个信息爆炸的时代已经成了稀缺品，生活中的各种碎片信息充斥着我们的生活，分散了我们的注意力。或许在热恋时,我们能够自然而然地将全部注意力放在所爱之人的身上,可是当热情渐渐散去时,我们会被太多琐碎的信息干扰。明明是两人独处,却心各一方。就像前言中说的那样,"恋爱并非是年轻人的特权。经历过漫长的陪伴,共同生活的人们同样不该将恋爱当成一去不复返的回忆"。如果能经常有意识地专注于对方,认真听听对方在说什么,看看对方在做什么,也许无论是恋爱还是婚姻关系都会变得更幸福。

人们常说恋爱是两个人的事,而婚姻是两个家庭的事。在当下的社会环境中,家人对婚姻的介入是不可避免的,不过岸见一郎提出:"通过思考一件事情的结果最终会落在谁的头上,或者由谁来负最终的责任,就能明白这件事情是谁的课题。""结婚同样如此,结婚是两个人的课题,就算别人反对,也只会由这两个人承担婚姻的责任。"不光是父母,两个人之间还会有孩子。和父母一样,孩子对夫妻关系的影响也不可小视,甚至比父母更大。可是永远不要忘记,夫妻关系才是家庭的核心,

译者序
回归自我　拥抱幸福

只要将这一点铭记在心,"就有可能随时保持刚结婚时的感情"。

在这本书中,每一个例子背后都是一个活生生的人,他们遇到的问题虽然各不相同,但其中相同的是只有拨开迷雾,找寻内心深处真正造成问题的根源,才能主动改变自己,获得幸福。

佟凡

2021 年 8 月,于西安

前言

我一直在给年轻人上心理学课。每堂课结束后,我会让大家把问题写在纸上交给我,下一堂课我就从回答这些问题开始。听到我的回答后,学生会继续就我回答的内容进行口头提问。

大家提出的问题多种多样,不过关于恋爱的问题占绝大多数。看来,对风华正茂的年轻人来说,最关心的还是恋爱吧。学生年年不同,但总有很多人被相同的问题绊倒,我经常会感叹:上一年也回答过同样的问题啊。

在这本书里,我希望能明确地梳理出在恋爱与婚姻中会绊倒大家的问题和原因,并且具体说明应该建立什么样的亲密关系。

本书中主要以阿尔弗雷德·阿德勒创立的个人心理学(在日本,普遍被人们称为阿德勒心理学)为基础来解释恋爱与婚姻。然而尽管阿德勒

前言

的思想被誉为领先于同时代的思想，但依然不可避免地受到了时代与社会的制约，所以从现代的视角来看，有些观点确实已经过时。不过，包含恋爱关系在内，阿德勒对人际关系的洞察依然令他人望尘莫及。

阿德勒曾经说过："人们总说教人恋爱与婚姻的书随处可见。确实，这类书籍的数量很多，任何文学作品中都会包含爱情故事。但是我几乎没有看见过讲述幸福婚姻的书。"

确实如他所言，阅读书籍或者观看电影、电视剧时，故事几乎都围绕着"处于爱情困境中的男女"进行叙述。也许是因为描写两个幸福的人的故事的话，书籍无法成为畅销书，电影无法获得高票房，电视剧无法获得高收视率吧。

更严重的问题在于，人们看到描写两个不幸的人的书籍和电视剧后，可能会在恋爱和婚姻面前望而却步。用阿德勒的话来说，他们会在面对恋爱与婚姻的课题时"犹豫"。

爱的勇气　阿德勒的幸福哲学

准确来说，人们并不是因为看到了太多"不幸的爱情故事"，就对恋爱和婚姻产生了犹豫。而是因为人们在看到父母或身边人不幸的婚姻生活，或看到将恋爱与婚姻描写成不幸的书籍、影像后，才将恋爱与婚姻看作一件困难的事情，认为自己无法面对，于是开始收集相关信息，以证明自己逃避恋爱与婚姻的行为是正确的。在他们心中，幸福的爱情故事是不可能存在的。

我曾在之前的作品里写道："为了正当化自己的行为，将不幸的爱情故事当作挡箭牌。为了逃避恋爱，他们必须从内心认定并宣称恋爱是一件困难重重的事。"

当然了，以喜剧为结局的书籍、电影、电视剧也同样会受人欢迎，可是脱离现实的"灰姑娘式"的爱情故事和不幸的爱情故事会起到相同的效果。因为人们会将现实生活中遇到的人和故事中描绘的理想男女作比较，然后不再将现实生活中的人作为恋爱与结婚的对象。

我希望在本书中明确一点，恋爱与婚姻并不简单，不是只要找到对象就万事大吉，也不是只要遇到正确的

前言

人就必将一帆风顺。不过就算有时会遭遇痛苦，只要努力经营两人之间的关系，就一定能得到回报。如果只是懵懵懂懂地爱着对方，两人的关系就无法得到好的结果。只要懂得经营感情的方法，爱情的经验必将成为人生中的丰厚财富。

另外，恋爱并非是年轻人的特权。经历过漫长的陪伴，共同生活的人们同样不该将恋爱当成一去不复返的回忆。我衷心希望这本书不仅能帮助到年轻人，还可以在任何年龄段的人的婚姻情感出现问题时，为大家提供解决问题的方法。就算眼下没有遇到重大的问题，也希望大家能够通过阅读本书让亲密关系变得更加美满。

目录

第一章 什么是恋爱？

恋爱是人际关系的极致 \ 2

恋爱是两个人的事 \ 4

爱是一种能力 \ 6

恋爱关系无法顺利发展的原因 \ 10

恋爱中没有"为什么" \ 12

恋爱中的依存关系 \ 15

无法替代的自己 \ 16

为爱人而活 \ 19

为了热爱和尊敬的人 \ 22

冷静与热情之间 \ 24

第二章 人为什么会重复同样的失败？

回避恋爱与婚姻的原因 \ 27

关于生活方式 \ 33

对不同的人做同一件事 \ 38

爱的勇气　阿德勒的幸福哲学

被宠坏的孩子 \ 42

以自我为中心的生活方式 \ 51

伴侣的选择 \ 55

对他人的关心 \ 62

恋爱和婚姻中的性吸引力 \ 65

人变得具有攻击性的原因 \ 68

婚姻占卜 \ 71

想要更多爱的人 \ 76

嫉妒心重的人 \ 80

爱是无法强迫的 \ 82

"我讨厌那个人，不过我喜欢你" \ 84

生活中不只有恋爱 \ 86

第三章　*如何去爱？*

所谓爱情 \ 92

交流与占有 \ 95

生命的共时性 \ 99

关于平等关系 \ 100

目录

沉默无法带来任何交流 \ 105

改变拐弯抹角的说话方式 \ 110

共鸣的必要性 \ 115

去了解而不是去想象 \ 118

关于邂逅 \ 120

人生中的缘分 \ 123

作为个体去爱别人 \ 125

了解彼此的生活方式 \ 128

两种不同的生活方式 \ 130

要坦率地面对他人 \ 135

不要总是展现自己好的一面 \ 137

关于集中力 \ 139

不要嫉妒 \ 143

亲密关系中也要注意礼貌 \ 146

此时此地在一起 \ 149

关于异地恋 \ 153

关于分手 \ 156

第四章　**什么是婚姻？**

　　结婚是开始不是结束 \ 161

　　婚前准备 \ 163

　　父母反对的婚姻 \ 167

　　家庭氛围 \ 171

　　不要构建以孩子为中心的家庭 \ 173

　　性爱是交流 \ 175

　　关于离婚 \ 177

第五章　**如何构建良好的两人关系？**

　　相互尊敬 \ 181

　　相互信赖 \ 184

　　同心协力 \ 188

　　目标一致 \ 190

　　产生共鸣 \ 193

　　永远留在此时此地 \ 195

后记 \ 199

参考文献 \ 202

第一章 什么是恋爱？

恋爱是人际关系的极致

可以说人的烦恼大多都来自人际关系，其中恋爱关系与其他人际关系相比更难处理。古内东子[①]曾经写过一首歌，大意是既然爱情如此痛苦，干脆不要恋爱了。我想应该有很多人能够对此产生共鸣。不过能说出"因为痛苦就不去谈恋爱"这种话的人，大多是刚刚失恋的人吧。

在恋爱与婚姻中遇到的各种问题，基本上都是与人际关系相关的问题，其中的困难之处也基本与其他人际关系问题相同。尽管如此，我还是希望大家能够思考为什么恋爱与婚姻中的困难比其他人际关系中的问题更严重，以及该如何克服这些困难。

有些工作确实可以独自完成。但是在工作的过程中，都不得不与其他人产生关联。从这个角度上来

[①] 古内东子：日本著名创作型女歌手。——译者注

第一章
什么是恋爱？

说，不存在完全不牵扯人际关系的工作。可是此类人际关系属于工作范畴，因此不会持续太久，也不会产生太深的交情。离开职场后，职场中的人际关系就会发生改变，从第二天开始产生全新的人际关系。实际上，或许很多人和事情无法彻底地分割，不过只要离开职场，就完全没有必要将职场上的人际关系带到私生活中来。

有些人会以在职场或学校的关系为契机，交到亲密的朋友。对学生来说，在学校学习就相当于"工作"，从早上去学校到放学回家，一般不会有人能够做到不和任何人交流。在和别人开始交流后，若这份关系在离开学校后也能够延续的话，就超越了同学关系，成为朋友关系了。

之后，本书将要讨论的恋爱与婚姻中的人际关系，基本上会以朋友关系为基础，后文将详细解释其中的含义。不过无论是恋爱还是婚姻，对无法顺利构建朋友关系的人来说同样会成为难题。

恋爱与婚姻关系比工作中的人际关系以及与朋友之间的关系更持久、更亲密。两个人的心理距离可以比其他关系走得更近。这种关系并非暂时的，随着关系的持续和深入，工作、交友、爱的难度是呈递进式的。

另外，前文中没有提到的亲子关系，它与朋友关系相比，更接近爱的关系。因为这份关系从人出生时就开始了，所以比恋爱关系更长久，比朋友关系更亲密。因此在阿德勒心理学中，将人生中必须面对的课题分为3种，分别是"工作""朋友"和"爱"，而亲子关系包含在爱的课题中。

恋爱是两个人的事

那么，为什么恋爱与婚姻关系比其他人际关系更加困难呢？因为这是两个人的事。在我们接受的教育中，可以学到如何面对独自完成的工作，或者需要多

第一章
什么是恋爱？

人完成的工作，却几乎没有学过该如何面对需要两个人完成的事。还有很多人认为学校没有必要教授有关恋爱和婚姻的内容。

在我任教的大学里，我听学生说起过有面向新生的讲座，内容是关于恋爱和婚姻。我自己在上大学时并没有听过类似的讲座。就算有机会听到，或许我也会觉得恋爱完全是私事，不应该在学校学习，从而感到别扭吧。

或许恋爱确实是私事，不过有关没有必要让别人教，只要两个人找到合适的方法就能顺利相处的理论，却并非是正确的。

一个人能解决的课题不一定就是简单的。阿德勒指出，习惯依赖周围人的孩子不擅长数学，因为这项学科在解决问题时无法求助他人。

在两个人合作的过程中，有的人觉得自己一个人做更快，两个人做的话反而耗费时间。但是，只要两个人彼此配合，工作其实是更容易完成的。不过，合作本身又是一个问题，很多人懂得如何竞争，却没有学过该如何与别人合作。

恋爱与婚姻是人第一次经历"亲密关系"，而且这种关系最需要两人的合作。如果你还没有准备好完成这项课题，就必须事先学习如何避免在两人课题中犯错和如何实施这项课题。

爱是一种能力

艾瑞克·弗洛姆①说过，只要有对象就能谈好恋爱的想法是错误的。不过很多人认为爱是简单的，困难的是找到合适的恋爱对象。这种想法相当于人只要有了对象，就能谈好恋爱。

---

① 艾瑞克·弗洛姆：人本主义哲学家和精神分析心理学家。毕生致力修改弗洛伊德的精神分析学说，以切合西方人在两次世界大战后的精神处境。——译者注

第一章
什么是恋爱？

艾瑞克·弗洛姆主张"爱是一种能力"。有人谈过很多次恋爱，却依然每一次都不顺利。也有人结过很多次婚，却都以离婚告终。这些人自然不是没有爱的对象。既然在恋爱中跌倒，就说明此人在"爱的方式"上需要改善。如果不改变爱的方式，就算换一个对象，他也会重复同样的失败。

阿德勒也提出："爱情并不像一些心理学家所声称的那样，是一种纯粹天生的机能。"恋爱与婚姻是比满足某种冲动（阿德勒将其称为"性冲动"）更深刻的感情。冲动并非尽情满足就可以，人们会服从社会规则加以抑制它。在这种情况下，爱同样并非自然的本能，人们必须学习爱的方法。

如果只需要满足冲动，爱或许会很容易。但是爱毕竟属于人际关系的一种，因此大家必须思考置身恋爱关系中时，该如何去爱别人。

该如何去爱别人，这个问题可以称为"爱的方法"，也可以称为"爱的技巧"。艾瑞克·弗洛姆使用了"爱的能力"这个词，可见它并非是"小伎俩"。我曾听年轻人说，有的人没有指导手册就不会谈恋爱。可是就算原封不动地按照指导手册上的内容去做，也不见得能够顺利。尽管从形式上入手也有其必要性，可是如果你不理解技术性操作的基础，即问题的本质，当出现指导手册上没有写到的情况时，就会立刻陷入恐慌。

正如拿着育儿书养育孩子的父母，一旦孩子有一点不如自己的意，就会心烦意乱，把气撒在孩子身上。父母确实爱着孩子，可是生搬硬套书本上的内容并无法正确育儿。如果不知道育儿的技巧，无论父母对孩子的爱有多深，都无法与孩子建立良好的关系。没有技巧的爱是无力的。相反，没有爱的技巧是危险的，因为只有技巧的育儿方式很容易变成对孩子的操纵。

爱的能力是更本质的东西，并非知识的集合，也不是面对各种场面时的做事方法。在提到爱的能力时，或许人们会感到无从下手。但是和学习育儿一

第一章
什么是恋爱？

样，爱的方法也是可以学习的。

亲子关系中，就算父母本身存在一些问题，孩子也无法离开父母，所以父母对孩子的影响是最大的。

在恋爱关系中，如果觉得自己和对方无法顺利相处，就可以离开，所以造成的伤害不像亲子关系中那样大。可是在实际情况中，处于恋爱关系中的两个人很多时候也没办法轻易分开。一开始，人们往往会为了能够随时分开，在两人之间系上一个蝴蝶结。可是在不知不觉中，绳结越来越复杂，最后解开时不得不用剪刀将其剪断。这样一来，双方就无法在不经历痛苦的情况下分开了。

这种情况虽然并非总会发生，但恋爱关系必须在将两人绑在一起的前提下才能取得进展。可是绑在一起就意味着随着关系越来越近，两人之间会越来越纠缠不清，解开绳结就会变得非常困难。经历过剪断绳结的痛苦后，人们会觉得既然如此痛苦，干脆不谈恋爱好了。

恋爱关系无法顺利发展的原因

恋爱关系无法顺利发展的原因在于，身处这种关系中的两个人比其他关系中更加亲密。就算是相信一见钟情的人，在开始谈恋爱后也会立刻明白，这不是那么简单的事情。

当喜欢的人有了恋爱对象时，有的人会觉得要是对方没有恋人就好了，或是要是能更早认识对方就好了。他们不会意识到这种想法是在为自己的恋爱不顺利寻找正当理由。就像走钢丝的人害怕坠落，会在下方铺安全网一样。在某种意义上，恋爱中确实存在像走钢丝一样的危险。不仅如此，也有人因为担心自己喜欢的人已经喜欢上了别人，或者开始交往后对方会变心，从而不愿意进入一段恋爱关系。

然而没有人是在经过仔细考量后才开始喜欢上别人的，存在竞争对手是正常的。所以，无论竞争对手

第一章
什么是恋爱？

是已经存在，还是有存在的可能，都不该成为大家放弃恋爱的理由。

没有自信的人就算找到了心仪的对象，也无法顺利地谈一场恋爱。原因主要在于他自己。而这样的人一般不愿意承认这点，他们会选择自己和他人都认为难以去爱的人作为恋爱对象。这样一来，当恋爱不顺利时就能将责任转嫁到对方身上了。当然，这并非是他们故意选择的。我认为喜欢一个人的心情在任何情况下都是认真的，可是这类人为了将阻碍恋爱顺利发展的原因推到对方身上，让自己全身而退，会不自觉地喜欢上被认为难以去爱的人。这样一来他们就可以说出，如果他是普通人的话，我们的恋爱就会顺利发展这样的借口。

就算不选择被认为难以去爱的人，若是一个人同时爱上了两个人，也会将此作为无法顺利发展恋爱关系的原因。阿德勒认为"同时爱上两个人，实际上意味着两个人都不爱"。这样的人应该会为如何在两个人中做出选择而苦恼。一旦停止苦恼，就意味着必须选择一方，苦恼成为了他们推迟选择的必要理由。

另外，也有人幻想出"浪漫的、理想的、无法得到的"爱情。这样的人就算在现实中没有接近自己所爱的人，也会充满期待。沉迷在理想爱情中的人也带有自己的目的，即排除现实中的候补者。他们认为现实中的恋人绝对无法达到他们理想中的高度，想要回避恋爱。

恋爱中没有"为什么"

为什么喜欢这个人？这样的问题几乎没有意义，因为是没有答案的。如果硬要说的话，想要喜欢上这个人的决心就是喜欢上他的理由。可是正因为决定喜欢才会喜欢，这种表达并不恰当。

有一对恋人很久没见，结果男生向女生提出分

第一章
什么是恋爱？

手。女生问我这是为什么。在这件事上也许没有"为什么"。如果经常见面，出现想法上的分歧或者争吵，姑且可以将分歧和争吵当作想要分手的原因，可是两人并没有见面，就不会有能明确找到的原因了。

然而，吵架之类的事情并非是他想要分手的理由。这些事情或许会成为分手的契机，可无论是否发生过这些事，起决定性作用的都是他的决心，即他不想再与现在的恋人交往的决心。

并非一定要有理由支撑这份决心，或者为自己的变心作解释。可是如果没有理由，只是对对方说出"想要分手"，多数情况下，对方都不会同意分手的。于是，就像曾经被对方吸引时一样，现在又需要构建出分手的理由（大多是女性面对男性时找到的理由）。比如，本来以为对方是个温柔的人，结果却是个优柔寡断的人；本来以为对方是个能引导自己、可靠的人，结果却是个控制欲强的人。另外，原本喜欢对方是因为他认真、一丝不苟，相处之后却发现他是个锱铢必较的人。并不是他变了，而是一朝情意淡，样样不顺眼。一旦情意淡了，任何事情都可以成为分手的理由。

　　爱上一个人同样没有原因。或许有，可是往往没办法说出一个明确的理由。无论是否有原因，人都会喜欢上别人，若是硬要找理由，只能说"因为你是你"。而阿德勒则提出恋爱与婚姻是"肉体的相互吸引"。可就算没有这些理由，也不妨碍我们爱上别人。年轻人或许没办法想象，无论年轻时多么帅气美丽，随着年龄的增长，容颜必然会衰老；就算一个人就职于一流企业，也会有想要辞职的可能；就算自己想要继续工作，公司也有破产的可能；年纪轻轻也可能因为生病无法动弹，只能卧床不起。无论发生任何事，能够爱上一个人，都是因为下定决心去爱。相反，只要决心不再爱，任何事情都无法成为推翻这份决心的理由。

恋爱中的依存关系

我刚刚写到恋爱中没有"为什么",我们之所以会被某个人吸引,都是因为人际关系是我们生活中必不可少的。我们生活在"人间",若独自一人则无法构成人间。这个问题可以用以下观点来解释。

人以表面与他人接触,展现在他人面前的并非实线,而是虚线。所以需要通过与他人的表面接触,将自己的表面填充完整。

母亲照顾婴儿,丈夫支持妻子,同时丈夫也会得到妻子的支持,婴儿也并非仅仅靠父母的照顾而生存,同样能够支持父母。无论多么疲惫,父母只要看到孩子的笑容就能够得到治愈,想为了孩子而努力工作。这时,婴儿就对父母提供了支持。

在这种关系中,人并非只靠自己形成闭环得到完整的自己,而是需要他人来填补自己的表面,以此与他人形成联结。

　　身处恋爱关系中的两个人同样如此。人已经不再只依靠自己生存，甚至没办法独自生存下去。可以说两个人已经在精神上融为一体，这种状态被称为相互依存状态（interdependence），也就是所谓的相互依赖（codependence）。尽管每个人的精神都独立存在，却无法在存在层面完成闭环。为了自我完成闭环则需要他人的支持，同时自己同样在支持着他人。在恋爱关系中，并非任何人都可以补全自身所缺失的表面。

无法替代的自己

　　自己所爱之人在某种意义上是"无法替代的你"，自己同样会填补他人的表面，因此如果转换视角，"我"也会成为对方心中"无法替代的你"。

第一章
什么是恋爱？

在工作中，每个人都可以被替代。就算你觉得职场一旦没有自己就会立刻陷入混乱，可事实上并不会出现这种情况。或许得知此事会让你丧失自信，认为自己没有价值。不过如果你辞职后职场没有出现问题，那应该归功于你的指导。新人因为有了你的指导，才能够顺利进行工作，所以纠结自身价值是错误的想法。

不过确实有别人无法替代、只有自己能胜任的工作，这样的工作被称为"天赋"。如果是这样的工作，那么就算离开职场，改变形式的话也可以一辈子投身于同一份工作。

在恋爱中，如果有人能替代自己那可就麻烦了。失恋或者陷入三角关系能够让人看清现实：对方可以没有自己，对方没有选择自己。

相反，恋爱与职场不同，当自己被对方选择时，人们会因为明白自己是无法替代的人而感到开心。但是如果一个人通过被选择来确定自身价值，就会变得迁就对方，有时这会成为一件危险的事。

被别人肯定与承认是一件值得高兴的事，可是如果将得到承认视作必需品，那么当你在现实中没有获得承认时，就会立刻变得无法认可自己的价值。

这里所说的"得到承认"，相当于小孩子希望得到父母的夸赞。就算没有得到夸赞，在做出某件事情时得到他人的认可，希望对方说一句"谢谢"的愿望同样是希望得到承认的体现。虽然自己做的事情被别人注意到，或者是被别人认可会令人感到高兴，但是并非所有事情都能被别人注意到。比如剪了头发，甚至染发和烫发，有时候都不会有任何人发现。

遇到这种情况并不需要生气，只要将事情说出来就好。然而这样做有可能会在事后引发问题，从这里可以看出"得到承认"的另一层含义，那就是人们希望在遇到困难时，有人能看到自己的痛苦。具体来说，就是希望有人能说一句"挺不容易的吧"或者"很难受吧"。以亲子关系为例，考试成绩不

第一章
什么是恋爱？

好，或是和朋友吵架后，孩子会感到痛苦，如果父母说一句"挺不容易的"或者"很难受吧"，孩子或许会形成一种观念，即如果没有人关心自己，就无法靠自己的力量克服困难。同样的情况也会发生在大人身上。

在恋爱过程中，如果得到肯定和承认，人们就会十分快乐。当然，这种情况之所以危险，是因为人有可能要面对自己不再被爱的现实。

为爱人而活

精神科医生神谷美惠子在《论生存意义》中写道："为爱而生的人无论对方是否表示感谢，都会在对方的人生需要自己时，感受到强烈的生存意义。"

我对她的观点表示赞同。

这样的人只有在能帮到他人，并产生贡献感的时候,才会认为自己是"无法替代的人"。如果是其他工具,不喜欢或者出新品的时候可以再买,而"我"这个工具绝对无法被其他人替换。无论自己有什么样的毛病,对方在未来都必须和自己交往下去。

矢野显子[①]有一首歌叫作幸福(Happiness),写的是自己与他人交换人生的故事。要说为什么会有这样的歌,是因为交换人生看起来很幸福。但事实并非如此,"看起来"幸福是没有意义的,要实际过得幸福才行。

那么,要想获得实际的幸福该怎么做呢?其实找到幸福的钥匙比大家想象得容易,只要喜欢上自己就好了。

不过很多人没办法喜欢上自己,因为不想和他人产生联系。详细地说,这样的人认为如果连自己都没办法喜欢上自己,别人更不会喜欢自己,所以不想

[①] 矢野显子:日本爵士钢琴手,著名的歌唱名伶,常常从事跨领域的创作。——译者注

第一章
什么是恋爱？

和他人产生联系。这确实不简单，因为与他人产生联系时，可能会发生争执，对方会口出恶言，自己会受伤。如果要遭这份罪，不如一开始就不要和他人产生联系。在这份决心的作用下，人就会拒绝喜欢上自己。

就算有人会这样想，也无法改变任何人都想变得幸福的事实，然而只有喜欢上自己才能获得幸福。因为就像刚才提到的那样，人是无法变成另一个自己的。由于上文中提到的原因拒绝喜欢上自己的人，是很难为喜欢上自己而努力的。

正如前文中所说，能够喜欢上自己的时机就是感到自己并非没有用处，是能够帮助到别人的时候。在恋爱中，由于对方有时会无法理解自己的心情，所以对不想遭受挫折、不想受伤的人来说，恋爱就成了一件门槛很高的事情。

可是就连受够了恋爱的人，在反省过去的失败，明白该如何去做之后，如果能和某个人再进入恋爱关系的话，重新引用神谷美惠子的话来说，就能感受到"对方的人生需要自己"（这就是贡献感），能"感受到强烈的生存意义"了。因此，能够接受自己的人就能获得幸福。

为了热爱和尊敬的人

哲学家森有正说过："工作是做给真心喜爱与尊敬的人看的，希望对方为自己高兴。除此之外的理由都是谎言。"

用上文的话来说，对方为自己高兴，说明自己得到了承认。如果你认为对方的承认是不可少的，那么你将不仅能够得到被爱的喜悦，还能得到爱人的喜悦。

完成任何工作时都必须花费时间和精力，会感到辛苦，被爱以及爱人的喜悦能够在很大程度上减少这份辛苦。

第一章
什么是恋爱?

据说一位男性曾与德国作家露·莎乐美[1]热情交往,在九个月后他写出了一本书。

尼采、里尔克[2]也从露·莎乐美身上获得灵感,创作出书籍和诗歌。露·莎乐美经常出席维也纳精神分析学协会的沙龙,与尼采、里尔克交往过。弗洛伊德带着爱意称她为"诗神"缪斯(缪斯是希腊神话中司掌诗歌、音乐、艺术的女神)。

弗洛伊德真心喜欢她,一心想把她拉到自己身边。当时,露·莎乐美在德国格丁根开始独自研究精神分析学,可弗洛伊德依然不间断地给她寄去热情洋溢的信,对她的爱也越来越深。

亚里士多德对神的定义是"不动的推动者",即"引起运动而自身不被推动"。尼采和里尔克,以及弗洛伊德都可以看作是被如神明一般的露·莎乐美所

---

[1] 露·莎乐美:俄罗斯的一位才华横溢的作家、特立独行的女权主义者。——译者注
[2] 里尔克:奥地利诗人,代表作品有《祈祷书》《新诗集》《杜伊诺哀》等。——译者注

推动的。

里尔克的日记中留下了他为露·莎乐美努力学习的证据，同样是他对露·莎乐美爱情的象征，他约定要将对意大利的印象送给露·莎乐美，由此诞生了《佛罗伦萨日记》。

露·莎乐美对年轻的里尔克产生了如此巨大的影响。有人指出里尔克的笔迹出现过显著的变化，其中自然包含内在原因。里尔克在遇到露·莎乐美之前的笔迹潦草而难以辨认，后来他开始认真地书写，甚至改了名字。露·莎乐美嘲笑里尔克的名字像个女孩，于是里尔克将法语词态的名字勒内（René）改成了莱纳（Rainer）。

冷静与热情之间

有一本小说名叫《冷静与热情之间》，上文中里

第一章
什么是恋爱？

尔克单恋的例子表现出了爱情热情的一面。虽说只有热情的恋爱是无法顺利的，其中冷静是必要的，但不得不说"冷静的爱"依然只是一种理想状态，因为爱情原本就不是冷静的感情。

柏拉图在《费德鲁斯篇》中提到，节制（sophrosyné）与热情（eros）的结合才是哲学精神。陷入爱河的人或多或少都是不节制的。正如我最初提到的那样，恋爱不是年轻人的特权，但就算年长者告诫年轻人不要头脑发热，年轻人也依然我行我素。

如果谈了很多次恋爱都无法顺利发展，那么一定有其原因。在下一章中，我将为大家揭示其中的原因，并且在第三章中探讨具体的解决办法。

人为什么会重复同样的失败?

第二章

回避恋爱与婚姻的原因

阿德勒曾经举过一个30岁男性的例子，提到"他总是在临门一脚时逃避对人生课题的解决"。阿德勒也借此讨论了工作和交友方面的问题，而我会带大家用阿德勒的解释，来探讨其中有关爱的课题。

"他在接近异性时会犹豫，却想要恋爱、结婚。"

在面对这项课题时，他采取了犹豫的态度。虽然人生的课题无法避免，但一心认为自己无力解决的人，面对课题时会犹豫，会彻底裹足不前。

既然想要恋爱、结婚，就必须先从找对象开始。我在这里提到"先从……开始"，是因为前文中已经提到，并非只要找到对象就能谈好恋爱。

认为只要找到对象就能谈好恋爱的人，或许是因为不敢直接面对恋爱，觉得没有能和自己谈恋爱的对象。就算有了心仪的对象，想要恋爱、结婚，也可能会因为害怕失败，只让想法停留在脑海中，而不去采取实际行动。

这里的"失败"在恋爱中指的是向喜欢的人告白后，对方没有接受自己的心意。就算两人关系再好，只要自己提出想要交往，对方都有可能拒绝。哪怕明白如果不表明心意，两人的关系就不会更进一步，害怕遭到拒绝的人也会在告白前犹豫，而且能找出多个犹豫的借口。

"可是，他有强烈的自卑感，会担心害怕，无法实际着手进行计划。"

因为这个人有强烈的自卑感，所以无法走向恋爱或婚姻，但事实上自卑感并不是这个人回避爱的课题的原因，反而是他为自己回避爱找到的理由。

这个人所谓的自卑感指的是害羞，说话时容易脸红。他认为自己只要克服了害羞的问题，就能顺畅地与对方聊天。可是现在因为容易脸红，无法给对方留下好印象，导致他越来越不喜欢说话。于是他不再外

第二章
人为什么会重复同样的失败？

出，就算出门，在人多的地方也会时刻保持紧张，一言不发。

他想将交友不顺的原因推给害羞和紧张。可这并非事实，是因为他想要逃避交友，才想以此作为不与人交往的理由。

在恋爱和婚姻中同样如此，这个人嘴上说着因为自卑，才无法面对这些问题，可事实上他只是为了回避问题才搬出了这些理由。

既然如此，他为什么不愿意面对问题呢？正如前文中所说，因为他害怕失败。用阿德勒的说法就是"害怕丢脸"，不希望听到对方说出"我完全不在乎你"之类的话。大家都不愿意听到这样的话吧。

如果对方说出"我很讨厌你"，后续反而有希望。因为产生讨厌的情绪需要有情感交流。听到这句话，就可以问出："那么我该怎么做，你才能喜欢上我呢？"

无论如何，如果不向对方表达自己的心意，就不会有任何进展。对于害怕遭到拒绝的人来说，避免被拒绝最简单的方法就是远离恋爱与婚姻。

但逃避需要理由。想要逃避恋爱与婚姻的人，可以为此找出无数个必要的理由。于是，这个人因为害怕失败采取了不愿意前进的"犹豫态度"，并裹足不前。

阿德勒是这样描述这名男性的："他的一切行动和态度都可以总结成同样的句式，即'是的，但是……'。"

我需要为大家简单说明一下。面对问题时犹豫的人，往往会说"我想试试，但……"。阿德勒指出："这种说法是拥有强烈自卑感的证明。"确实存在我们无法完成的事情，可很多人在动手前就已经在思考做不到的后果，从而产生犹豫、停滞不前。他们会说出"是的，但是……"，在试图尝试后提出做不到的理由。以这名男性为例，他"想要恋爱、结婚"，却因为有强烈的自卑感而无法做到。

第二章
人为什么会重复同样的失败？

这时,"是的"和"但是"就取得了所谓的平衡,与其说是想要恋爱、结婚却做不到,还不如说这种人多半从一开始就决定不去恋爱和结婚。这名男性其实不是"做不到",而是"不想做"。

他或许会这样说:"如果没有这份自卑感,我就会恋爱、结婚吧。""只要能克服害羞的毛病,我就能好好跟别人交流了吧。"谁都会说"如果……那么……"这种假设,他们并不想活在可能性中,而是想活在现实中。这名男性因为没有自信而感到恐惧,于是搬出了无法面对恋爱和婚姻的理由。

阿德勒提出了"自卑情结"(complex)一词,指出"因为是A(或因为不是A),所以无法做到B",这个逻辑在日常生活中常常能够用到。A往往是自己和他人都能认可的理由,既然是A,那就没办法了。神经官能症[①]是经常被用为A的理由。

[①] 神经官能症:是一组精神障碍的总称,包括神经衰弱、强迫症、焦虑症、恐惧症等。——译者注

如我刚才提到的那样,有人会以没有对象作为理由A。这和觉得要是对方没有恋人就好了、要是能更早认识对方就好了的人是一样的。我已经反复说过,并非只要有对象就能谈好恋爱。此类人群因为害怕面对缘分到来时无法顺利谈恋爱的现实,于是始终表示没有遇到对的人,不愿意积极主动地寻求邂逅的机会。

因为此类人群不愿意承认恋爱不顺利的原因出在自己身上,是自己爱人的方法不对(或者后文中马上会提到的"生活方式"问题),所以就算自己没有意识到,也会喜欢上难以成功恋爱的人。虽然我并不打算对他们喜欢别人的心情抱有怀疑,但确实有人为了将阻碍恋爱的原因推到对方身上让自己全身而退而喜欢上难以成功恋爱的人。比如有心上人的人、年龄差距很大的人、身患绝症的人、在监狱服刑的人等。当然也会有其他情况,例如喜欢的对象刚好是上述这些人。

第二章
人为什么会重复同样的失败？

关于生活方式

接下来，阿德勒分析了这名男性的生活方式。生活方式是指他如何看待自己和他人，以及在面对问题时的解决方式和习惯。这几乎与人们普遍提到的性格意思相同，但之所以不使用性格这个词，是因为生活方式与人们听到性格这个词时会产生的联想不同，既非与生俱来，也并非难以改变。生活方式甚至可以在瞬间发生改变，因为它是由人自己决定的。

阿德勒提出，2岁时就能看出一个人的生活方式，其最晚在5岁形成。在现代阿德勒心理学中，认为生活方式的形成时间会稍晚一些，在10岁左右。人们在此之前会尝试各种各样的生活方式，然后在10岁左右，选择其中一种生活方式。在此之后，就算表面上发生一些改变，但其本身几乎不会发生改变。人就算明白自己选择的生活方式可能不合适，也不会轻易做出改变，而会一直延续下去。

但实际上，因为生活方式是由自己决定的，所以只要下定决心，自然能够改变。然而人们会因为无法预知如果选择了新的生活方式，在下个瞬间会发生什么而感到害怕，从而无法对熟悉的生活方式做出改变。

这就像平时不常大声说话的人，某一天突然下定决心要在众人面前大声说话一样。我曾经在咖啡馆里看到大声说话的人，明明只需要用眼前的人能听到的音量说话就行，可是整个店里都能听到他的声音。改变生活方式的难度相当于去尝试平时绝不会做的事情。平时不大声说话的人并非无法提高音量，而是因为这就是他们的生活方式。如果刻意打破习惯提高音量，就会产生难以预料的后果，所以他们不做。

假设一个熟人从对面走过来，而你不止认识对方，还对对方抱有好感。如果现在不打招呼，不叫住对方，或许以后就没有机会了，想到这里，你会感到

第二章
人为什么会重复同样的失败？

紧张。但是那个人与你擦肩而过时却移开了目光。有的人在遇到这种事情时，会认为"对方在逃避""自己被讨厌了"。这种人很难在某一天想到"不是这样的，那个人一定是因为喜欢我才不好意思看我的"。

遇到这种事情时，认为"对方在逃避""自己被讨厌了"，这就是一部分人的生活方式。此类人并不是无法改变自己的生活方式，而是因为一旦觉得对方在逃避自己，就会认为无法进一步与对方发展关系。然而当觉得对方对自己有意思时，又不得不考虑如何进一步接近对方。虽然与抱有好感的人变得亲近会让自己开心，可是却无法接受这样的发展。事实上，此类人并非无法改变生活方式，而是不想改变。

如果想要改变生活方式，就必须放弃平时不愿改变生活方式的决心。但仅仅做到这一步还不够，还必须明白自己想要什么样的生活方式，并找到改变的方法。

爱的勇气　阿德勒的幸福哲学

综上所述，生活方式是由自己选择的。当然，有很多因素会对选择产生影响，也就是说，生活方式并不是简单形成的。下面让我们一一讨论会对生活方式的选择和形成产生影响的因素。

阿德勒说过，可以推测某个悲剧曾在某一时刻发生，这个悲剧让他失去"正常的对他人的关心"，让他认为"人生就是最大的困难，与其时刻面对困难的情况，不如采取无所作为的做法"。

这里需要提醒大家。首先，某个悲剧并不是他不再对他人关心的原因。后文中会提到，这个悲剧并不特殊，就像常见的兄弟姐妹之间的争执一样，就算经历过同样的事情，也并非所有人都会因此而变成和他相同的人。

另外，"对他人的关心"是考察恋爱和婚姻关系的关键，它能决定一个人会不会反复经历同样的失败。我现在不会立刻谈到，不过请大家记住这一点。

现在，我们明白了这名男性生活方式中的两个要

第二章
人为什么会重复同样的失败？

素。一是他将人生视作巨大的困难，这让他认为世界是危险的，他人是可怕的。所以与其直面困难，不如从一开始就什么都不做，然而实际上情况正好相反。他是为了什么都不做，才将自己面前的状况视为困难。可前者才是他认可的逻辑。

"因此，他成为了小心谨慎、犹豫不决、寻求逃避之路的人。"

"小心谨慎"本身是件好事（是比轻率更理想的品质），可是过度谨慎会令人害怕失败，以至于在挑战困难和逃避困难这两条道路中会选择后者。

阿德勒没有解释什么是"困难的情况"，不过在恋爱中，应该就是指自己被对方拒绝吧。为了和心爱的人进一步发展关系，必须从主动表达自己的心意开始，可这种人比起被拒绝，依然会选择什么都不做，因为这样可以避免"丢面子"。

这名男性身上究竟发生过什么呢？悲剧究竟是什么？

爱的勇气　阿德勒的幸福哲学

对不同的人做同一件事

阿德勒通过早期记忆分析了这名男性的生活方式。早期记忆是指出生后最初的记忆。当然，严格来说这并非是最初的记忆，因为人类也不知道什么才是最初的记忆。比如有人让你回忆儿时的事，只要是突然浮上心头，任何事情都可以。尽可能回忆某一天的某一时刻，只做过一次的事，通过这些记忆会比"小时候经常做的事情"更容易看出一个人的生活方式。

另外，还可以从一个人的梦境中读取他的生活方式。不过梦中的情节大多支离破碎，所以解梦并不简单。当咨询者在心理咨询师没有要求的情况下就主动说起自己做过的梦时，这样的梦通常会是重要信息。

接下来，这名男性回忆起和母亲、弟弟一起购物时的场景。

"一天，母亲带着我和弟弟去了商场。"

第二章
人为什么会重复同样的失败？

既然母亲和弟弟已经登场，那么预测接下来会发生的事情并不困难。当双亲出现在早期记忆中时，通常会有两种情况，一种是讲述自己充分感受到父母的爱，另一种是讲述自己失去了父母的爱。

在这名男性的回忆中，由于弟弟的出场，故事似乎会向后者发展。也就是说，可以预想到"某些事情"会围绕母亲对弟弟的爱而发生。

"那天，突然下起了雨。"

孩子的人生中总是会发生一些事，这些事对孩子来说总是突然的。

"一开始，母亲抱住的是我……"

母亲抱起孩子是为了不让孩子淋湿。他们或许带了伞。就在他因为被母亲抱起而感到高兴时，"母亲突然看到了弟弟，于是放下我抱起了弟弟。"

这确实是一个悲剧。也许母亲还对他说了"你是哥哥，要学会忍耐"之类的话。母亲没有抱年长的哥哥，而是抱起了年幼的弟弟，按照道理来说这也许是正确的选择。但就算他理解自己所处的情况，也不会为母亲抱起弟弟而感到开心。

阿德勒说："根据这段回忆，能够描绘出他的生活方式。"这名男性总是认为"别人会得到比自己更多的爱"。就算一开始母亲确实抱起了自己，可是等她注意到身边的弟弟后，则放下自己抱起了弟弟。

别人是不是比自己得到了更多的爱；比起自己，朋友是不是更喜欢别人……总是带着这种想法的人不会放过任何一件让自己感觉失去了友情与爱情的小事。麻烦的是，他们还能立刻找到"证据"。于是友情和爱情都在短时间内告终。

因此，这种多疑的人希望远离所有人，过上彻底孤立的生活。他们不想和别人保持联系，不想关心他人。但人是无法独自生活的，所以很明显，远离所有人并不能真正解决问题。

问题在于他陷入了极端的选择中，认为自己要么被爱，要么被所有人孤立。其实人并非只能在被某个

第二章
人为什么会重复同样的失败?

人全心全意地爱(喜欢)或选择孤立中二选一的。后文中还会写到一位希望恋爱从百分之百开始的女性。其实恋爱是需要逐渐培养的,不可能从一开始就取得成功。

就像我刚才说的那样,他并非是因为有了那样的经历才不再关心别人。他为了让自己现在不关心他人的行为正当化,从过去无数的记忆中找出了符合自己生活方式的经历。或许这段经历是真实发生过的,但其实并不重要。相反,就算事情真的发生过,只要对现在的自己来说并不重要,就不会再想起。

另外,从早期记忆中可以看出,他现在依然在对不同的人做同一件事。也就是说,他总是在害怕竞争对手的出现,害怕别人不再关心自己。在他的记忆中,弟弟就是以竞争对手的形象出现的。

阿德勒心理学咨询中,并不会询问咨询者的过去。因为阿德勒心理学与其他心理学不同,不认为过去发生的事情是造成当下问题的原因。

但是，现在的咨询师为了了解咨询者现在是否依然在面对不同的人做出的同样的事，还是会询问他的过去。因此假如早期回忆中出现了父亲，在现实中也不需要对应真实的父亲，而是应该找"像父亲一样的人"。

被宠坏的孩子

也许有人认为这名男性之所以认为父母不像以前一样爱他，是因为从"王座"上跌落了，即由于弟弟的出生，让母亲花在他身上的时间变少了。可是有多个孩子的家庭中的第一个孩子都经历过弟弟妹妹的诞生，却并非所有人都认为这件事意味着"自己从'王座'上跌落"。

当较小的孩子出生后，父母的时间确实大多会被较小的孩子占据，不过他们对较大的孩子的爱并不会

第二章
人为什么会重复同样的失败？

因此而减少。而那些一心认为父母没有以前爱自己的孩子并不明白这一点，他们总会想要做些什么来夺回自己被抢走的"王座"。

于是一开始，他们会变成乖孩子来获得父母的表扬，也许会主动照顾弟弟妹妹。可是就连大人都没办法轻松地照顾小孩子，所以很遗憾，他们会弄哭弟弟妹妹，反而给父母添了麻烦。这时，如果父母训斥他们"不要做多余的事情"，较大的孩子就会立刻变身成为坏孩子，做出让父母感到困扰的事情。比如以前明明能独自完成的事情却要借助父母的帮助，开始让父母带自己排便，又或是在晚上哭泣，即返回婴儿状态。

为了夺回父母的注意、关心和爱而做到这一步的孩子，会觉得父母不再像以前那样爱自己了。就算父母对他们说"我们还是像以前一样爱你"，孩子依然没办法安心。他们想要更多的爱，想引起父母的注意。而大多数情况下，父母会屈服于孩子的要求。于是，"被宠坏的孩子"诞生了。他们并非生来就是"被宠坏的孩子"。

确实也有一直像王子和公主一样被宠爱着长大的孩子,他们没有长子身上那种跌落王座的经历。最小的孩子身上会出现这样的情况,父母不会对他们说出对哥哥姐姐说过的话,也就是"你从今天开始就是哥哥(姐姐)了,能做到的事情都要自己做"。就算最小的孩子到了和哥哥姐姐一样的年龄时,没能做到同样的事情,父母也不会急着一定要让他们独立完成。

于是,最小的孩子可以保持永远无法独立的孩童状态。最小的孩子特有的生活方式有个昵称,叫作"永远的婴儿",他们始终能得到父母充分的爱,就算是自己已经能做到的事情,有些孩子也会始终认为自己无法做到,于是装作不会的样子依赖周围的人。这种情况下,同样并非所有最小的孩子都是如此,不过最小的孩子被宠坏,依然是比较容易被人理解的结果。

有人说,缺爱是造成孩子做出问题行为的原因。其实站在父母的角度来说,给孩子过度的爱导致孩子

第二章
人为什么会重复同样的失败？

对爱饥渴所带来的问题要更大一些。过度的爱指的是溺爱，爱情饥渴指的是尽管被爱着，却认为得到的爱不够，希望得到更多的爱。

事实上，无论是否从"王座"上跌落，孩子在刚出生后的一段短暂时间里，如果没有得到父母的全面帮助，就没办法生存，但是他们总有一天要自立，父母也必须帮助孩子自立。

但父母也会做出影响孩子自立的行为，即不允许他们去做能够独立完成，或者必须独立完成的事情。母亲不会教育孩子应该帮助他人、与他人合作，而是过分溺爱孩子。就算是孩子必须自己完成的事情，也会有父母代替他们行动、思考、发声。在这种环境中长大的孩子，会发展出"被宠坏的孩子"特有的生活方式。

也有父母认为孩子应该独立，但这些孩子却是被迫独立的。然而被迫独立的孩子并不是真正的独立，而是"他"立。

如果父母为了让孩子独立而为他们铺平成长的道路，那么孩子就会对他人产生依赖。如果孩子走在父母准备好的道路上，后来却由于某些原因摔倒，他们就会攻击父母、憎恨父母。孩子自己明明同样负有责任，是他们自己选择了父母准备好的道路，可他们并不愿意承认。如果没有娇惯孩子的父母，就不会有被宠坏的孩子，一旦他们接受了父母的娇惯，出现问题的话自己自然负有责任。

被父母娇惯的孩子自不必多言，就算是被父母拒绝依赖的孩子，或者如前文中提到的那名男性那样，即使父母被之后出生的孩子占据了精力，"被宠坏的孩子"依然会执着于获得父母的宠爱，就算长大成人，他们依然会保持特有的生活方式。

这类人群无法靠自己的力量解决人生课题。他们会认为有别人替自己解决人生课题是理所当然的事情。另外，因为在他们心中，自己是世界的中心，所以会尽量避免自己无法成为众人瞩目的中心的情况发

第二章
人为什么会重复同样的失败?

生,并且将阻止自己成为中心的人视为敌人。于是他们避免和敌人产生联系,试图远离人际关系这一人生课题。

这时,他们为了逃避人生课题,会搬出神经官能症作为借口。一名有社交恐惧症的女性当被问到如果社交恐惧症被治好的话,想要做些什么时,"想和男性交往"的答案从这名女性的嘴里脱口而出。这个答案的意思很明确。自己眼下无法与男性交往,因此必须用患有社交恐惧症作为理由。

"如果社交恐惧症被治好"的说法,正是前文中提到的"如果……那么……"句式,这种说法是神经官能症中特有的逻辑,被生活在可能性中、而非现实中的人所使用。会使用"如果……那么……"句式的人希望尽管自己现在有社交恐惧症,生活在所谓虚假的人生中,但是一旦社交恐惧症被治好了,真正的人生就会开始。然而实际上只有当下才是他们真正的人生。这名女性终究会明白,若是如今无法与男性顺利交往，那么原因一定不是社交恐惧症。

另外，有一种说法认为在被卷入某种巨大的灾害或事件、事故后，人会产生精神创伤或创伤后应激障碍（PTSD）。这些情况确实会对人们的心灵造成巨大的影响。

可尽管如此，人生并不会就此停止，人们必须继续今后的人生。在遭受重创前，不会逃避人生课题的人，就算遭遇到某些灾害或事件、事故，只要花上一段时间，就一定会从打击中走出来。而之前逃避人生课题的人，就会将精神创伤作为无法顺利直面课题的理由。

我曾经看过一则报道，某位女演员说自己之所以无法与丈夫和谐相处，是因为小时候曾经受到过父亲的虐待。这位女演员在面对一般人认为无所谓的事情，比如有人把毛巾扔在桌子上时，会浑身哆嗦。她将其解释为由于小时候受到父亲虐待而造成的结果。

第二章
人为什么会重复同样的失败？

尽管不能说小时候与父亲的关系对今后的人际关系完全没有影响，但她本人能否为改善夫妻关系做出努力，应该与小时候是否受到过父亲虐待无关才对。在过去发生的事情中寻求夫妻关系不和谐的原因并不合适。

阿德勒将这类事情称为"表面上的因果律"（semblance of causality），指的是为当下发生的事情或状态寻找某种原因进行解释。称之为"表面上的"，是由于实际上二者并没有因果关系，是人们试图让原本不存在因果关系的问题看起来存在因果关系。用前文的例子来解释，女演员小时候受到父亲的虐待和现在的婚姻生活不存在任何因果关系。实际上就算她过去经历过虐待，也可以在婚后不受过去经历的影响，妥善经营两人的关系。不过，那位女演员却认为二者之间存在因果关系。当然，她这样做是有目的的，她希望自己和他人都能认可他们夫妻二人如今的关系是无法挽回的，并且这不是自己的责任。

"被宠坏的孩子"终会长大成人，当他们进入恋爱关系后，就会向对方寻求宠爱。在恋爱和刚结婚不久的那段时间里，这件事或许不会造成太大的问题，反而会有人希望被对方依赖。

可是如果两人中的一方过于寻求对方的宠爱，或者两人都希望被宠爱，那么想要依赖对方的情绪早晚会成为两人之间的大问题。

要说这件事为什么会成为问题，就是因为双方都不愿意付出，都期待索取。毫不避讳地说，就是不关心对方，只关心自己。

进一步来说，阿德勒认为"*对方根本性的奉献与索取至关重要*"。严格来说，恋爱并非奉献与索取。因为一个不会一味索取，而会主动奉献的人，若是向对方提出"我为你做了这么多，希望你如数奉还"的要求，那么两人的关系就不是恋爱，而是交易关系了。在恋爱中，要是执着于奉献和索取，未免太奇怪了。

不只是恋爱关系，所有人际关系都不是简单的奉献与索取。在亲子关系中，父母不会对孩子说我为你

第二章
人为什么会重复同样的失败？

付出了这么多，你要回报我。孩子也无法返还从父母身上得到的东西（所以就算父母要求孩子还清自己所付出的一切，孩子也一定无法做到）。

有人认为经济稳定和社会地位是结婚的重要条件，阿德勒却认为与生活方式相比，这些不过是细枝末节的小事。可以说只要了解了两个人的生活方式，就能预测两人今后的人生会如何发展。

当然，这项预测是在不改变此前生活方式的前提下进行的，只要一个人拥有改变既有生活方式的勇气，那么基于过往生活方式对其未来生活的预测就是无效的。

以自我为中心的生活方式

一位年轻男性和一位美丽的女性在舞会上跳舞。她是他的未婚妻。他的眼镜掉了。这时，他为了捡眼镜，差一点将她撞倒。

一个朋友吃惊地问他："你为什么这么做？"

"我不希望她把我的眼镜踩碎。"

结果她取消了和他的婚约。

很明显，这个为了避免眼镜被踩到，不惜撞倒未婚妻的男性只会为自己着想。

恋爱与婚姻中出现的问题和其他人际关系中出现的问题基本相同。如果是只会关心自己、从不关心他人的人，就算他们开始恋爱、踏入婚姻，也一定会使恋爱关系或婚姻关系陷入僵局。

关心他人、将别人视作伙伴、为他人做出贡献的行为，阿德勒称其为"共同体感觉"，并解释为对社会的关心，或者对他人的关心（social interest），与之相对的是对自己的关心（self interest）。如果用一句话概括的话，育儿、教育、治疗的目标就是培养"共同体感觉"，意味着将"（只）对自己的关心"转化为"对他人的关心"。

第二章
人为什么会重复同样的失败?

关心（interest）的对象本来就不该是自己。在拉丁语中，关心这个词的意思是"在中间"。关心指的是对象和自身"之间"（inter）"存在"（est）关联性。当你认为发生在对方身上的事并非与自己毫无关系，而是有所关联时，这就说明你在关心对方。

从对他人的关心这个角度来说，"共同体感觉"是需要逐渐培养的。如果此前的生活方式始终以自我为中心，那么和别人进入恋爱关系后，也无法在一夜之间改变这种生活方式。可以说认为自己是世界的中心、不想为他人做出奉献、只期待从他人身上索取的人与他在其他所有人际关系中的状态一样，他并没有做好进入恋爱与婚姻的准备。此类人的恋爱和婚姻是否顺利，必须实际进行后才能看出来。

"被宠坏的孩子"长大后，依然只关心对方能够给予自己什么。若是有人能够满足他们的期待倒好，可他们无法接受一个理所当然的事实，那就是别人并不是为了满足他们的期待而活的。

爱的勇气　阿德勒的幸福哲学

　　有些人会对不满足自己期待的人采取攻击态度。一旦他们表现出攻击性，被攻击的人就会离开，这样一来，他们更会将对方视为敌人。

　　如果一个人不能把其他人看作必要时能够给自己提供帮助的伙伴的话，那么他就更想不到自己要对他人提供帮助，从而无法产生贡献感。贡献感在建立自信方面非常重要，能让他人发现自己身上的优点。而缺乏贡献感的话，则会变得没有自信，也不会被他人所喜爱，因此无法看到他人好的一面，从而陷入恶性循环。

　　即使是在恋爱中，此类人也只会考虑自己，只会考虑对方能为自己做些什么。这是一个非常简单的道理，一个人只要从对方身上得到爱，就会喜欢上爱着自己的人。所以如果主动去爱别人，不要一味地从对方身上索取，而是做出奉献的话，对方也会喜欢上自己，可是如果只关心"被爱"（索取），就无法得到别人的爱。

第二章
人为什么会重复同样的失败？

伴侣的选择

选择伴侣时，自然依靠的是个人意愿，不过小时候的家庭生活会对一个人的选择产生影响。

阿德勒指出，任何人都会从小时候开始就在心中创造出一个理想的异性形象。很多男性会将母亲视为理想形象，寻找和母亲相似的女性结婚。

如果小时候和母亲的关系紧张，就会试图寻找和母亲类型相反的女性。若一个人在母亲的统治及压抑下长大，则会对女性产生恐惧，可能无法直面恋爱与婚姻，甚至彻底不与女性接触。对于在这种环境中长大的男性来说，和母亲不同的温柔、顺从的女性会成为理想的对象。此类男性将喜欢怒斥自己、唠唠叨叨的母亲看作无能的教育者，试图从母亲的"魔爪"下逃走。

然而用斥责的方式教育孩子的母亲，会在孩子必须自己负起责任的时候，介入孩子面对的问题中干涉（大多情况下是纵容）孩子。阿德勒指出，孩子在被母亲纵容后，就会产生恋母情结。最好的方法是逃离母亲的控制。

也有人会在母亲的影响下感到自己处于弱势（即产生"自卑情结"）。男性或许想要被女性支持，以充满母性的女性为理想型。而在恋爱中还有可能向相反的方向发展，即形成攻击性和支配性。这种情况下，具有攻击性和支配性的男性就会选择和自己一样具有攻击性的女性，因为他们觉得只有在经过激烈的斗争后成为胜利者（支配者）才是最好的。

对于阿德勒指出的母亲对孩子的影响，如今或许会有人提出质疑。

阿德勒说："如果自身与母亲之间的隔阂非常大，就会妨碍一个人对恋爱与婚姻的准备，甚至可能会影响异性对他在肉体上的吸引力。这种妨碍程度很严重，如果达到极端情况，他或许会彻底排斥异性。"

第二章
人为什么会重复同样的失败？

　　阿德勒的这段话可以看作是导致同性恋的原因之一，不过就算与母亲的关系在后来对一个人的恋爱和婚姻产生了影响，也并非一定会导致他成为同性恋。

　　女性在选择伴侣时同样会受到父母的影响。上文我写到男性会在母亲的影响下产生自卑情结，女性同样也会拥有自卑情结。阿德勒指出，在当下社会中，男性占据优势地位，女性会产生自卑情结，甚至会有过度补偿自卑情结的情况出现。

　　以如今我们看到的婚姻来说，就算是在婚后，此类女性成为妻子后也往往想要证明自己比丈夫优秀，证明自己不具备做家务的能力。阅读阿德勒在20世纪30年代写的书籍时，能看出他认为分工合作并完成赋予自己的任务是一件重要的事情，并且倾向于由女性来从事家务。当然，在当今时代下，男女固定分工的思想已经不再被接受，男性和女性只要分别做自己擅长的事情就好。

　　尽管阿德勒倾向于女性的工作是做家务，不过他也说过:"恋爱与婚姻的问题只有在建立完全平等的关系时,才能圆满解决。"

大人和孩子的关系是平等的。我这样说,或许有人会感到吃惊。大人和孩子虽然不同,但确实是平等的。大人比孩子生活的时间更久,所以拥有的知识和经验会多一些。另外,双方承担的责任分量也不同。小学一年级的孩子没办法承担晚归的责任,因此在日本,他们的门禁时间不可能到晚上10点。

但是如果要为家人设置门禁时间,那么就算时间不同,大人也必须有自己的门禁时间。如果孩子有门禁时间而大人没有就太奇怪了。在这个意义上,大人和孩子虽然门禁时间并不相同,但作为人是相互平等的,都应该设置门禁时间。

男女之间同样如此,也应该是平等的。说实话,除了生孩子的事情之外,男女有什么不同之处,这原本就不是一个可以简单回答的问题。

阿德勒说:"分工要考虑到男女性别的不同。"另

第二章
人为什么会重复同样的失败?

外,他提出分工必须遵循"毫无偏见的基准"进行。而基准应该随着社会和时代的发展而发生改变。

阿德勒在此意义上主张男女平等,却指出存在一类女性,她们拒绝承认女性应扮演的角色(关于其中的意义必须仔细斟酌),抱着与男性竞争的态度。

另外,也有女性认为女性是劣等的,只有男性有能力胜任体面的工作。这类女性认为她们自己本该能够完成的工作只有男性能完成,总是将其推给男性。

阿德勒指出,对女性角色的不满会进一步以极端的形式体现,她们通过从事"与独身主义相关的工作"从人生中退场。阿德勒认为婚姻是重要的人生课题,他认为女性以工作为理由不结婚,就是从人生中退场。不过这种想法在今天同样不会被人们接受。大家只需要注意,阿德勒认为婚姻是比工作和交友更加困难的课题。

阿德勒使用了"男性钦羡"(masculine protest)

一词，认为女性想要为自己在社会中受到的不公平待遇寻求补偿。因此她们会模仿男性的一些不好的行为（这是阿德勒的说法），过度补偿自己身上的女性特征，试图呈现出"男性化"的特点。

阿德勒指出，"男性钦羡"一词也会用在男性身上。在这种情况下，男性会试图过度表现出男性化的特征，以魁梧的身材为理想。就算没有达到这种程度，在都是女性的家庭中长大的男孩也会希望展现出超乎必要的阳刚气概，夸大男子汉的特征。

有些女性小时候看到哥哥或弟弟在家庭中受到偏爱，便认为女性长大后在整个社会中同样会处于劣势。阿德勒使用"无法与女性角色和解"的说法来形容她们，不过如今女性角色和男性角色已经不再固定。因此我并不赞成阿德勒的以下说法。

"孩子们很难将做家务的母亲看作与男性平等的伴侣。"

如果孩子在看到母亲从事家务后，认为女性在家

第二章
人为什么会重复同样的失败?

庭中与男性不平等,那么这既是孩子的问题,也是从事家务的女性的问题。如果母亲能在没有人帮忙时依然带着为其他家人做贡献的想法愉快地做家务,而不是不情不愿地去做的话,或许其他家人在看到后就会主动帮忙。而如果自己都带着不情不愿的态度去做,恐怕没有人会想要帮忙吧。

我想,在如今的时代,应该没有人会因为男性做家务而觉得他与女性不平等吧。可事实究竟如何呢?

另外,在选择伴侣时,有人会选择病人,或是与自己年龄差距很大的人,甚至已婚男性。这个问题在前文中已经提到。爱的形式自然多种多样,阿德勒的意思并不是说这样的人不适合成为伴侣。他只是在表达一个人如果不断进行"绝对不会走进婚姻的恋爱",就是生活在可能性中,哪怕这种人看起来格外希望结婚,却倾向于选择在某种意义上难以结婚的人,害怕婚姻成为现实。阿德勒并不认为这种人的恋爱不真挚,不过我想大家都明白他话中的含义。

爱的勇气　阿德勒的幸福哲学

对他人的关心

我在前文提到小时候经历过从"王座"跌落的悲剧的男性，结果不再对他人关心。母亲为了照顾弟弟妹妹而分心，但这绝不意味着她对自己的爱有所减少，就算小时候无法理解，长大之后应该也能够理解。

然而有人的确在长大后依然无法理解。从"王座"上跌落为什么会导致不再关心他人？其中的关系无法被迅速厘清。这名男性认为父母应该24小时关注自己，而母亲却因为弟弟和妹妹的存在无法做到，所以决定既然父母不关心自己，那么自己也不再关心父母。可是很多像这名男性一样的"被宠坏的孩子"在今后的人生中，并不能心平气和地接受不被父母关心的情况。

年龄排行处在中间的孩子，也就是上有哥哥姐姐、下有弟弟妹妹的孩子不太容易得到父母的关心。这些孩子与长子不同，出生时已经有了哥哥姐姐，所

第二章
人为什么会重复同样的失败？

以从来没有独占过父母的注意、关心和爱。不过，他们依然在出生后的最初几年中得到了父母的偏爱，可是几年后等到弟弟妹妹出生，父母又会将注意力和爱转移到弟弟妹妹身上了。

于是，这些年龄排行处于中间的孩子或许会为了引起父母的注意，做些令父母头疼的事情。他们也会早早放弃与其他兄弟姐妹争夺父母的关心，下定决心走上独立的人生。兄弟姐妹中，很多最早走出家门，去外地就职、上学的孩子都是年龄排行处于中间的孩子。然而，无法独立的人不能忍受年龄排行处于中间这种难以得到父母注意的处境，就算是通过惹麻烦也要试图引起父母的注意。

独生子女由于家里没有其他孩子，因此比较擅长与父母等年长者交往，却不擅长与同辈人交往。有些人虽然能够独立，却不擅长与人合作，无法顾及他人的感受。

无论在家里排行第几，只会在意对方有多关注自己、能为自己做些什么的人，就只会关心别人是否能满足自己的欲求。如果对方没有将自己当成特别的人，或者没有按照自己期望的方式注意自己、关心自己，他们就会将对方视为敌人而非朋友。

所有人都希望在家庭或职场等共同体中找到归属感，但找到归属感和处于共同体的中心完全不同。

这名男性从"王座"上跌落，被排除在自己此前所处的共同体的中心之外。因此，他开始将以母亲为首、让自己遭此厄运的人视作敌人。如果一个人将他人看成能在需要时帮助自己的伙伴，就会关心他人，进而想要帮助到他人。将他人视作敌人的人就会失去对他人的关心，不会想到要帮助他人。对于这类人，阿德勒的治疗方针非常简单，即让他将现在对自己的关心变成对他人的关心。

阿德勒心理学中表示关键概念"共同体感觉"的还有"人与人之间的结合"。可以说不将他人当作伙伴的人是不具备"共同体感觉"的。只有将他人当作伙伴，才会对他人产生关心，进而产生为他人做贡献、提供帮助的想法。

为了解决人生课题，对他人的关心必不可少。因为人生课题就是人际关系，在人际关系中出现需要解决的问题时，如果一厢情愿地认为就算自己什么都不做，别人也会为自己付出的话，就一定无法解决问题，自己的人生进程也会渐渐变得难以前进。

在这里，我希望大家注意，这名男性之所以没有养成对他人关心，并不是因为他是家中的长子，由于其他兄弟姐妹的存在而无法成为关注的焦点而造成的。长子的身份确实对他构建生活方式造成了影响，但并非所有长子都和他一样。

恋爱和婚姻中的性吸引力

在恋爱和婚姻中，双方都会对彼此产生性吸引力，这是与交友课题的重要区别点。阿德勒认为性吸引力不仅仅是单纯的性冲动，而是应该将其放在人际关系中进行考察。

阿德勒曾表示："真正彼此关心的伴侣之间绝不会失去性吸引力。"

性吸引力与对对方的关心有关。阿德勒认为如果对对方缺乏关心，两人就无法形成平等、友好、互助的关系，不会产生让对方的人生变得更加丰富的想法。只要持续关心对方，生理方面的吸引就不会消失，如果消失，就说明不再关心对方。有人为了让自己已不再关心对方的行为正当化，搬出生理方面不再彼此吸引作为借口。

阿德勒认为在两人确定关系之后，无法接受男性的社会角色和女性的社会角色或许是所有女性患有性冷淡、男性患有身心性性无能的根本原因。

在这些案例中，人们生理上的抗拒明确反映了对恋爱和婚姻的抗拒。

第二章
人为什么会重复同样的失败？

阿德勒认为，如果不相信男女平等，这个问题就无法回避。这里指的并非是社会结构意义上的男女平等，而是两人关系中的平等。

当两人没有处于平等友好的合作关系时，就会通过生理上的反应抗拒对方，无法对对方产生性吸引力。人们并不是因为失去了性吸引力才不再关心对方，而是因为不再关心对方，想从与对方的关系中逃离，才产生生理上的抗拒。

阿德勒认为情绪波动会导致脸红、脸色发青、心跳加速等生理上的表现，这说明心灵与身体是一体的。心脏、胃、排泄器官、生殖器官等原本就能够用更精确的"语言"表现出人们的追求和欲望。

这种"语言"被人们称为"器官语言"（organ jargon），以刚才的性冷淡、身心性性无能为例，这些正是为了逃避与对方的亲密关系才产生的症状。当人们想在没有任何理由的情况下逃离对方时，生理上的症状会成为让逃离正当化的理由。

人变得具有攻击性的原因

我在前文中写过，当他人辜负了自己的期待行事时，有人会对他人产生攻击性，但此类人并非是从一开始就具有攻击性的。将他人按照自己的期待行事视作理所当然的人，会希望在更广泛的意义上受到瞩目。

但他人并非是为了满足别人的期待而活的，想得到他人关注的人，大多要直面自己无法如愿受到关注的现实，从而改变行动方式。具有攻击性同样是获得关注的一种方式。

最初，他们希望得到赞赏和夸奖。或许有人会觉得成人不会渴望得到夸奖，可举例来说，如果女孩子为喜欢的人做了饭，也会希望得到男朋友的夸奖吧。

早上，一名女性把饭盒递给恋人时说："我看你平时都很忙，没时间好好吃午饭，所以今天早早起床

第二章
人为什么会重复同样的失败？

做了便当。"到了傍晚，女性去恋人那取饭盒。如果对方全部吃光，说些"很好吃""谢谢你"的话，她一定会很开心吧。可是如果对方太忙，便当原封不动地放在桌子上，她一定会感到失望吧。不过，体谅对方因为忙而没时间吃饭，还是为自己好不容易做的饭没有人吃而感到失望，这两种思维方式非常不同。

包含赞赏在内，寻求他人的承认时会出现的问题在于，有些人在没能得到期待中的赞赏和承认时，会试图做些事情获得关注。比如频繁给恋人发信息、打电话等。举个例子，虽然某位男性收到女朋友的信息和电话会很开心，可是如果数量太多、次数太频繁，回复信息和接电话就会占据大量自己的时间。当男性说完"我现在不方便接电话，一会再打给你"之后，如果女朋友挂断电话还好，可如果她总是说个不停，让人没办法直接挂断电话的话，那么等到下次女朋友再打来电话时，男性就不会再接，也不会再回复信息了。

爱的勇气　阿德勒的幸福哲学

一天，男性的手机里收到信息，打开后发现是女朋友带着怒气的语音："我知道你在！"当愤怒的感情出现时，两人之间已经不再有爱情了。可是女性步步紧逼，以为两人还能回到刚刚开始交往时的状态，却没有注意到男性已经对这段关系感到厌烦。男性会为自己采取的行动寻找正当的理由，比如在忙碌了一天回到家里后，男性本来想好好休息，可是女性却给自己频频发信息、打电话，要是一一回应她，身体会撑不住的。就算不涉及感情因素，当人们认为自己是正确的时，就会进入与对方的权利争夺（即争吵）中。解决权利争夺的方法只有一个，就是退出。如果一心想着"不，这可不行，我才是对的"的话，就会引发权利争夺。

男性很忙，不过他总算抽出一天和女朋友见面。他原本以为对方会因为许久未见而感到高兴，可是女朋友看起来有些奇怪。于是他开口询问，却从女朋友口中听到了意想不到的答案："你总说忙，完全没空见我，所以我上周六见到你的朋友X，我喜欢上了他。"听了女朋友的话，男性比起生气，更多的感觉是厌恶和疑惑，不知道为什么会发生这种事情。于是他进入了复仇阶段。

一般来说，进入复仇阶段后，如果没有毫无利害关系的第三者介入，修复两人的关系就会变得难于登天。因为无论怎么解释，双方都会觉得对方只会说对自己有利的话。

婚姻占卜

我曾经接到过一个年轻朋友的电话，她在询问占卜师自己能不能和正在交往的人结婚时，得到了否定的答案，结果她因为受到打击而食不下咽。她一贯坚持恋爱就要从"百分百"开始，所以结婚对她来说与其说是长期交往后的结果，不如说她从开始交往就是以结婚为目的的。

"百分百"的意思是，双方是相互确认过各自的想法后才开始谈恋爱的，不了解对方对自己的看法是万万不可的。虽然无法明确对方的心情才是恋爱的乐趣所在，但这种说法在她那里是行不通的。我认为，就算用"我喜欢你""我也喜欢你"之类的表白确认过对方的心情，可两人对"喜欢"这个词的定义，以及在对方身上追求的东西也都是不同的，所以从"百分百"开始的恋爱是不存在的。于是我们之间有了下面这番对话。

"我总是希望恋爱从'百分百'开始。"

"什么意思？"

"就是从彼此相爱开始。"

"那不是很无聊吗？"

"才不会。因为可以知道对方是怎么看我的。"

"是吗？我觉得如果什么都知道了，恋爱就失去意义了。"

第二章
人为什么会重复同样的失败？

"为什么？"

"对方身上有自己不了解的地方，有未知的东西，这才是恋爱的乐趣吧。我在发现对方新的一面时，会感到快乐。"

"有时候，也会因为发现了对方新的一面而分手吧？"

"或许会。"

"那就不行。"

"我想说的是，并不是说只要一开始能确定我是喜欢这个人的，就万事大吉了。相反，一开始哪怕只有百分之三十，甚至百分之十的喜欢，一旦开始交往，好感度就可以从一开始的百分之十逐渐增加。在此过程中，我对对方的想法和对方对我的想法都会不断变化。从这种意义来看，恋爱是在时时刻刻不断变化的。"

就算彼此喜欢，能准确了解喜欢的意义，两个人也不会立刻走到结婚那一步。打个比方，恋爱不是两

爱的勇气　阿德勒的幸福哲学

人站在原地不动就能顺利进行下去的,而是一段两人相互靠近、相互远离、不断变化的过程。我觉得从百分百开始的恋爱就是强迫对方"从现在开始,必须一直留在原地"。

话说回来,结婚与否是两个人决定的事情,对婚姻的占卜是我无法理解的事。

"你和他交往得不顺利吗?"

"没那回事,我们关系挺好的。"

"那你为什么要去占卜呢?"

"我想结婚。"

"结果人家说你们没办法结婚啊。"

"是啊。"

如果这是在心理咨询中,就相当于心理咨询师询问对方"你想做什么"时,她的回答都是"想结婚"。可仔细想想,如果两人从百分百开始的恋爱始终维持至今的话,她怎么会想要去占卜呢?

恐怕还是因为她自己或者对方,甚至两个人的心

第二章
人为什么会重复同样的失败?

情都发生了一些动摇吧。说得透彻些,她或许已经开始计算此前的努力是否能得到回报了。如果喜欢对方,无论努力能否得到回报,都只有继续努力这一个选择。她的心情或许就像希望在看完长篇小说之前得知结果一样,如果结果满意就能安心地读下去,如果不行,就不想继续读下去了。

我对她说:"占卜师说你们结不了婚挺好的。"

"为什么?"

"如果占卜师说你能和他结婚,你就不会努力经营和他之间的关系了吧。但是如果就算占卜师说了不行,你依然想和他结婚的话,就会为经营你们俩的关系而做出努力。"

虽然我认为她在此前并不是没有努力经营过和男朋友的关系,不过在她决定去占卜的时候,就已经生出想要将恋爱的成功寄托在自身努力之外的因素中的念头了。

爱的勇气　阿德勒的幸福哲学

想要更多爱的人

　　对于害怕对方不再关心自己的人来说，任何一点鸡毛蒜皮的小事都能成为证明对方已不再关心自己的证据。不知是幸运还是不幸，其实发现自己不再被关心的证据非常简单。

　　有一个女生对我说，最近男朋友发来的信息变少了。能始终维持学生时代最初邂逅时发信息的频率自然很好，但这种事情是不切实际的。

　　当对方步入社会开始工作后，悲剧便会发生。因为工作后就算想发信息，也没办法像学生时代那样随时发了。当然，我不认为有人会忙到连一条信息都没有时间发，就算只是利用上厕所的时间，或者睡前短短的一段时间，只要想发总是能发的。

　　可是就算信息的数量减少，也不需要将这件事看作对方对自己的爱变少的证据。只需要当作对方是在

第二章
人为什么会重复同样的失败？

职场中忙碌并正在为两人以后能过上更好的生活而努力就好。将这件事看作是爱情减退的证据，还是对方努力到没时间发信息，这二者之间存在着巨大的差异。

在看到信息减少时会认为对方对自己的关心不如以前的人，在其他事情上恐怕也会产生同样的感受。这种不安的感受不能说是完全没有依据的。

我问她以前每天会相互发多少条信息，她的回答是"50条"。

"那现在呢？"

"20条。"

对于她的男朋友来说，如果发了这么多信息还不能让女朋友满足，恐怕会觉得自己像是在往一个有破洞的容器里倒水，永远不可能倒满吧。他会希望自己的女朋友就算每天只收到一条信息也会感到开心。有回复就说明平安，没有信息就是好消息，这也是一种理解方式。

现在年轻人之间都用微信或者电子邮件交流，或

爱的勇气 阿德勒的幸福哲学

许无法想象过去用写信或者寄明信片与人联系时,是无法即时收到回复的,至少要花两三天才能收到回信。这还是在对方看到信或者明信片后马上写回信的情况下。

看起来,问题并没有出在不像以前那样频繁发信息的男性身上,而是出在这个女性身上。

刚才,我用了"往破洞的容器里倒水"的比喻。对于此类人来说,他们就算正在被他人爱着,也会追求他人更多的爱。

谷村志穗[1]在小说《给我驼色外衣》中写过,意大利学者的调查显示,恋爱中的男女平均每天会想到对方13次。

这本小说的女主角说:"我会想对方更多次",而她的恋人却说:"我恐怕不到13次。"如果认为只要对方能够想到自己就好了的话,应该不会引发任何问题,

---

[1] 谷村志穗:日本著名编剧,主要作品有《余命》《海猫》等。——译者注

第二章
人为什么会重复同样的失败？

可若是期待对方想到自己的次数和自己想到对方的次数一样多，那么当发现对方给自己发的信息数量减少时，就会立刻开始怀疑对方是否不关心自己了。如果这个念头已经出现，就会成为两人之间的重大问题。

无论是因为收到的信息数量减少而心生不平的女生，还是认为父母的关心都放到弟弟身上的男性，都属于尽管被爱着却依然想要更多的爱、对爱饥渴的人。此类人就是前文中提到的"被宠坏的孩子"。"被宠坏的孩子"长大后若自身没有改变，就会对不同的人做出和小时候同样的事情。

和"被宠坏的孩子"相处的人，需要有意识地给他频繁发送类似"我最喜欢你"的信息。可任何人都不是为了满足别人的期待而活，所以"被宠坏的孩子"也不能因为没有被周围人关注而心生不满。

这类人没有耐心，分手时会感觉痛苦得不得了。反过来说，如果两个人在一起的时候很开心，分开的时候也不会感到丝毫不安，就算不见面、不发信息也没关系的话，那么恋爱也就不再是件痛苦的事情了。所以人们究竟应该如何去做呢？需要我们思考的东西还有很多。

嫉妒心重的人

有的人嫉妒心很重。总喜欢在一些事情上束缚对方，永远在监视对方，甚至会频繁发送信息，询问对方在做什么。刚刚开始谈恋爱时，或许有人认为这是因为对方爱自己所以为此感到开心，可是当因为某些事情看到对方过于容易嫉妒的一面时，就会觉得厌烦了。

有些人仅仅因为喜欢的人和别人说话而嫉妒。嫉妒与爱完全无关。嫉妒的感情既非面对所爱之人时自然而然产生的感情，也并非爱的证明。这份感情只有在希望将对方占为己有时才会产生。然而，任何人都是没办法拥有他人的。

第二章
人为什么会重复同样的失败？

有人觉得自己喜欢的人不嫉妒就是不关心自己。就算是有这种想法的人，如果永远置身于监视之下，24小时不停地被询问"你现在在哪里？""你现在在干什么？"就连两人在一起的时候都要被对方检查自己的手机，也是会感到厌烦的吧。如果有可能，希望对方每时每刻都在自己面前，这样一来就不会注意到别人了，有这种想法的人必定缺乏自信。就算对方现在说着关心自己、喜欢自己，这种人也会担心情敌随时出现。就像前文中提到的那名认为弟弟抢走了自己"王座"的男性一样。

另外，前文中提到的那名希望恋爱从百分百开始的女孩之所以会对婚姻进行占卜以求安心，就是因为尽管两人曾经相互确认心意，她却不相信两人的心意能永远保持下去。

情绪并非静止不动，而是经常在变化的，所以当一个人开始怀疑对方在关心别人时，就会立刻产生嫉妒之心。

爱是无法强迫的

回到前文那个抱怨男朋友信息发得太少的女生,她的另一个思想误区在于认为被爱是重要的。她认为比起主动去爱,被爱更重要,但又不能强迫对方爱自己。虽然可以请求别人爱自己,可是爱与不爱的决定权依然掌握在对方手里。

当然,我不是说希望被爱的想法不对,只是渴望被爱有时反而会让对方的心远离自己。若是渴望被爱,就必须做出努力。

世界上有两件事无法强制别人付出,那就是尊敬与爱。人无法强迫对方"爱我"或者"尊敬我"。道理看似显而易见,却真的有人认为能够强迫对方喜欢自己。就算没有展现出攻击性,没有做到跟踪狂的地步,此类人也会频繁地给对方打电话(虽然对方也许不会接,不过会留下通信记录),紧紧纠缠

第二章
人为什么会重复同样的失败？

对方。

最后，对方会因为厌恶和恐惧而离开。此类人其实从一开始就明白可能出现这种结果，可是一旦喜欢上别人，就会沉迷其中，失去自我。或者在感到对方讨厌自己时放弃目标，不再追求得到对方的心，为自尊心受到打击而感到愤慨，开始讨厌对方。甚至有可能出现攻击性，对对方纠缠不休。也有可能为了得到对方的爱而做出扭曲的行为。

另外，不做任何努力是不会得到尊敬和爱的。需要做的努力就是主动去爱对方。前文中已经提到，你能够感受到被爱着的时刻，就是你真正被爱的时刻。所以要首先去爱别人，让对方有被爱的感觉。不过同样就像前文中提到的那样，恋爱不是做生意，就算主动去爱，也不一定能够等价交换，得到对方的爱。

有的人会顾及周围人的心情，主动向别人释放好意。他们或许并不会强迫别人爱自己，可是依然会让别人对自己产生好感。从这个角度来说，他们和那些不合自己心意就产生攻击性的人没有区别。在这种情况下被"被迫"产生好感的人，并不会发现自己掉进了陷阱。其实在大多数情况下，使用这种手段的人本身也不会察觉自己有问题。

"我讨厌那个人，不过我喜欢你"

有人会说"我讨厌那个人，不过我喜欢你"，强调自己的爱只给对方一个人。正如艾瑞克·弗洛姆所说的"爱是一种能力"，这种能力不会仅以特定的人为对象，而排除其他人。虽然一个人无法一视同仁地爱所有人，但是如果一个人强烈地讨厌某个特定的人（群），那么就算从他口中听到"我喜欢你"，也无法产生被爱的感觉，而会担心明天自己就会被讨厌了吧。会将他人视为敌人的人无法去爱。

第二章
人为什么会重复同样的失败?

克里希那穆提①说:"当你深爱一个人时,那份爱真的会将其他人排除在外吗?"

其实,如果你深爱着某个人,也会同样爱着除他之外的人。如果一个人只能爱上特定的人,那么他一定不是真的爱那个人。

不过,克里希那穆提将整体的大爱与特定的爱做了区分,他认为"首先要心中有爱,才能爱上特定的人"。如果不能够爱上别人,没有艾瑞克·弗洛姆所说的"爱的能力",自然没办法爱上一个单独的个体。

阿德勒对爱的理解与《圣经》中耶稣所说的"爱你的邻居""爱你的敌人"相近。"被宠坏的孩子"会问:"为什么我必须爱邻居?我的邻居爱我吗?"若是听到弗洛伊德说的"如邻人爱你般去爱邻人吧",他们就不会产生异议了。当然,如果你爱我,我就会爱

---

① 克里希那穆提:近代第一位用通俗的语言,向西方全面深入阐述东方哲学智慧的印度哲学家。——译者注

你，这种话谁都能说。弗洛伊德甚至认为爱邻人是"理想命令"，是违反人类本性的。

弗洛伊德认为素昧平生的人不仅不值得爱，甚至会引发敌意和憎恶。他提出质疑："为什么要这样做？能起到什么作用？最重要的是，该如何执行这项命令？真的能够执行吗？"

心中有爱的人不会提出这些质疑，只想被爱的人才会提出。就算没有得到任何人的爱，我也会爱邻人。阿德勒拥有成熟的生活方式，他彻底推翻了弗洛伊德的质疑。

生活中不只有恋爱

恋爱与婚姻是重要的课题，但并非是人生中最重要的课题。在人生三大课题工作、交友、爱中，任何一项都不是最突出的那个。

第二章
人为什么会重复同样的失败？

阿德勒的说法是："追求个人优越性的目标扩大后，一定会扰乱人生课题中任意一项的和谐。在这种情况下，人们理想中的成功是不现实的，仅限于社会上的名声，工作上的成功或者性方面的征服。"

被称为工作狂的人在工作上倾注了一切热情，有时会置家庭于不顾。此类人将自己无法把精力投入其他人生课题的理由归结于自己不得不以工作为最优先。有人会搬出工作忙的借口来解释婚姻失败的原因。比如因为工作忙，没办法静下心来经营家庭等。

恋爱至上的人同样如此，会将沉迷于恋爱作为无法将精力投入其他人生课题的借口。无论在睡梦中还是清醒时，他们都会想着喜欢的人，因为被爱而陷入喜悦的情绪（我想因为主动去爱而感到喜悦的人很少），甚至认为因为恋爱而废寝忘食才是爱情的精髓所在。我一开始就说过，不存在冷静的爱，按照柏拉图的说法，爱情可以说是一种疯狂的行为。宫泽和

爱的勇气　阿德勒的幸福哲学

史[1]曾经在歌中唱道:"没有爱就无法生存。"但大家都很清楚,只有爱同样无法生存。而宫泽和史这首歌的重点只是在于没有爱就无法生存。

弗朗索瓦兹·萨冈[2]的小说《你喜欢勃拉姆斯吗?》的女主角宝珥是一名室内装饰师,她爱上了年轻的律师助理西蒙。西蒙在听到宝珥说"我中午会给你打电话"后,会一直等待。结果到了下午1点他还没接到宝珥的电话,于是西蒙给营业厅打电话询问通信线路是否出现了故障。

这自然是西蒙温柔的一面,却也是宝珥无法忍受的地方。西蒙一整天都在等她回来。

"西蒙,不能再这样继续下去了。这是我最后一次说。总之,你必须去工作,毕竟你连喝酒都要瞒着我了。"宝珥说。

---

[1] 宫泽和史:日本著名民谣歌手,是将冲绳民谣推向国际的第一人。——译者注
[2] 弗朗索瓦兹·萨冈:法国著名作家。——译者注

第二章
人为什么会重复同样的失败？

爱是人生的喜悦，但若是在爱情中倾注所有心思以至于无法做其他任何事情，就会成为困扰。

在柏拉图的《盛宴》中，阿里斯托芬说从前的人与现在的人不一样，那时的一个人用的是今天两个人的材料。每人有四只手、四只脚，头上有两副面孔，四只眼睛、两张嘴。这种由如今两个人组成的人体力和精力都非常旺盛，不服从众神的统治，所以神明降下惩罚，把一个人切成了两半，就像用头发丝切煮鸡蛋一样。这样一来，人的力量就被削弱了。

根据阿里斯托芬的说法，爱就是寻找被分开的另一半，从而恢复成一个完整的人。从前的人有三种，男性、女性，以及男女同体的阴阳人。这三种人被分成两半后，都需要重新恢复原本的完整性，只有原本就具备男女两性的阴阳人才会受到异性的吸引，而其他人则追求同性间的结合。

恢复完整性的人永远不会想要分离。《盛宴》中写道："原来人这样被截成两半之后，这一半想念那一半，他们想再合拢在一起，想到饭也不吃，事也不做，直到饿死为止。"

然而就算人沉浸在与对方融为一体的感觉中时，日常生活也要继续，当然同样必须工作。如果是学生，就必须学习。除了恋爱对象之外，还有其他不得不珍惜的人。如果认为除了喜欢的人，其他人都没有意义，从而忽视与其他人的关系，等回过神来的时候，周围或许将空无一人。

一名听过我的课的学生说过："是啊，能充实（恋爱之外的）其他时间该有多好。"一心想着男女朋友或许确实是一种美好的生活方式，可只靠爱情人是没有办法生存的。

对方不可能时刻关注着你。他们也有工作，忙碌的爱人必定无法如你期待中那样关注你。既然如此，要是自己满脑子都是男女朋友的事，一定会对对方产生不满。在下一章中，我会和大家具体讨论应该如何解决这个问题。

第三章 如何去爱?

爱的勇气　阿德勒的幸福哲学

所谓爱情

有一名大学生说:"我可以和任何人结婚。"这种说法自然夸张了些,不过,人确实可以和任何人成为朋友,并充分交流,还能在此基础上爱上对方,而造成这个结果的原因却无法解释。有人说:"恋爱中没有'为什么',只有'怎么做'。"人没办法用语言解释为什么会被特定的人吸引,就算给出理由,也不过是硬找出的理由而已。

在前文中我已经讲过,很多人认为只要有对象就能谈恋爱,也提到比起被爱,爱人是更基本的能力。关于这个问题,让我们再深入思考一下。

很多人比较看重金钱与物品的所有权。艾瑞克·弗洛姆说:"一味囤积,害怕失去任何东西的人就算拥有再多的物品,在心理学上也是一个贫困的人。"

艾瑞克·弗洛姆指出,当贫困超过一定程度后,

第三章
如何去爱？

就不再有能够给予的东西，无法获得奉献的喜悦。可即使是在贫困之中，人依然具有奉献的能力。因为奉献中最重要的部分不是物品，而是人的情感。

艾瑞克·弗洛姆说："你可以给予自己本身，或者是对自己来说最重要的东西，以及自己的生命。"

这句话的意思并不是牺牲生命，而是奉献出自己内心最富生命活力的东西，即"自己的喜悦、兴趣、知识、幽默、悲伤等"。

艾瑞克·弗洛姆在《爱的艺术》中写道："通过给予自己的生命，能够丰富他人的情感，还可以让自己和他人更能感受到生命的存在。"

孩子能得到母亲的爱，而且因为母爱是无条件的，所以不需要孩子因为被爱做出任何回报。接受母爱的经历是被动的，如果从消极的一面理解，被爱不需要资格，因此孩子就算想要主动获得母亲的爱，也是无法做到的。

然而，就算自己不用做出特殊的行为，只要自己活着,只要自己存在就能够得到认可,这份自信同样是认可自身价值的重要出发点。人在成为父母后就会明白,父母不会在孩子身上附加任何条件。如果将活着本身当作0分来看,那么无论是孩子身上出现了问题,还是孩子的表现与父母的理想不符,这些在父母眼中都能够成为加分项。孩子认为父母能够付出无条件的爱,会自发地向自己奉献。

渐渐地,孩子产生了新的感觉,他明白可以通过自身的行为来创造爱,于是想到要送父母礼物,为他们写诗作画。

艾瑞克·弗洛姆说:"有生以来,爱的观念第一次从被爱变成了爱,变成了创造爱。"

青春期的孩子发现自己身上具有爱的能力,不需要用幼小、无助、生病等理由来博取爱,或必须是"好孩子"才会被爱,而是可以用爱产生爱。艾瑞克·弗洛姆说:"幼稚的爱遵循的原则是'我爱,因为我被爱'。成熟的爱遵循的原则是'我被爱,因为我

第三章
如何去爱？

爱'。不成熟的爱是'我爱你，因为我需要你'。成熟的爱是'我需要你，因为我爱你'。"

很多人的爱都不够成熟。可以说任何人都会认为"我爱你，因为我需要你"，然而能够想到"我需要你，因为我爱你"的人并不在多数。

交流与占有

渴望被爱绝对没错，可是要想得到爱，就必须付出相应的努力。

说到必须付出的努力是什么，那就是两人之间要充分交流。两人之间并非只要有爱，就能自动完成顺畅的交流。如果不能顺畅地交流，甚至发生争吵，两人之间会瞬间失去爱。

虽然提到了"顺畅"，其实并不需要多么擅长交流。当你觉得和这个人交流时会感到开心，那么爱情就会开始萌芽。哪怕说些没有营养的话也好。但如果为了让自己能在对方眼中更完美而说些自己平时不会说的话，那么这样的关系是无法长久的。

艾瑞克·弗洛姆指出，在西方语言中，名词的使用频率超过动词，"爱"就是一个例子，这个名词只不过是将爱这种行为抽象化，却从人类这个主体上被剥离，被实体化。爱的行为和过程无法占有，只能经历。

而这份经历是不断流动的，是时刻变化着的。并非只要爱上一个人（指的是占有爱），就完成了对这个人的爱。爱是不断实时变化的，必须为更新爱（准确来说是爱的过程）而做出努力。

不过这份努力的目标是与对方建立更好的关系，因此并非痛苦，而是愉快的。为建立良好的关系而做出努力，这件事会成为生命中的喜悦，人们会在某个瞬间突如其来地感到幸福。比如和对方顺畅交流的时候，或是感受到自己爱着对方的时候。

第三章
如何去爱?

综上所述,爱是行为,是过程,因此无法占有。尽管如此,当爱成为人们某种拥有的物品时,人们将不再会为被爱做出努力,也不会为创造爱而做出努力。当一方或者双方都产生同样的想法时,恐怕两人之间流动的时间就不再是"有生命的时间"了。为了避免这种事情的发生,必须不断付出爱,爱是没有完成时的。爱并不是一件简单的事情,不是向对方告白,然后对方接受就能完成的事情。

艾瑞克·弗洛姆认为,人只要活着,就有两种基本的存在方式,即"占有"和"存在"。一天,我年纪尚轻的母亲因为脑梗死倒下,从此失去了意识,长期卧床不起。当时我想到,如果借用艾瑞克·弗洛姆的说法,人在不能动的时候,就算占有名誉和金钱也不会有任何意义。在这样的情况下,还有生存的意义吗?面对这个问题,我无法立刻得出答案,不过我认为艾瑞克·弗洛姆口中从"拥有"向"存在"的转变会成为解决这个问题的关键。

爱的勇气　阿德勒的幸福哲学

艾瑞克·弗洛姆说:"如果我是我所占有的东西,那么当我占有的东西失去之后,我又是什么呢?"

但是,艾瑞克·弗洛姆还说,处在"存在"模式中的人失去占有的东西后,既不会担心,也不会感到不安。因为我并非我所占有的东西,而是"存在"本身。

"'占有'的基础是某种只要使用就会减少的东西,而'存在'则会随着时间成长。"

《圣经》中不会烧毁的"燃烧的荆棘",就是这番反论的象征。摩西[①]来到上帝的山,即何烈山[②]后,他看到耶和华的使者在荆棘的火焰中隐隐显现。他定睛看去,发现神奇的是荆棘在火中焚烧,却没有烧毁。

"看啊,荆棘在火中焚烧,却没有烧毁。"

[①] 摩西:以色列的民族领袖,曾带领古以色列人摆脱了被奴役的悲惨命运。——译者注
[②] 何烈山:又叫摩西山,是基督教的圣山。——译者注

第三章
如何去爱？

燃烧的荆棘不会被烧毁。为了避免荆棘烧毁，必须不断添加荆棘。爱是典型的存在式事物。因为它不能占有，所以不需要担心失去。

前文中提到的嫉妒就是由于认为爱情可以占有而引发的感情。因为无论自己多么喜欢一个人，都无法占有他，所以不能束缚他。

生命的共时性

上一节中我提到了"有生命的时间"这句话，是因为想到了闵可夫斯基[①]的"有生命的共时性"（synchronisme vécu）理论。亲子或夫妻可以在同一地点共享有生命的时间。在一节满载乘客的地铁车厢中，尽管乘客们共享同样的地点和时间，可他们只

[①] 闵可夫斯基：德国数学家，在数论、代数、数学物理和相对论等领域有巨大贡献。——译者注

是碰巧在同一时间身处同一地点而已,并不会产生联系。借用鹫田清一①的话,两个人只有在同一时间中产生共同经历后,才会产生联系。

人们并不会因为爱着对方就自动共享生命的时间。相反,正因为能够共享同一段时间,才能感觉到自己爱上了对方。后面我还会谈到这点,既然两个人当下难得在一起,自然希望让这段时间变得有生命,而不是死的。

关于平等关系

阿德勒认为,**一切关系都必须平等**。听到大人和孩子是平等的,或许有人会感到惊讶。这并不是说大人和孩子是一样的。从知识、经验和需要承担的责任

---

① 鹫田清一:日本著名哲学家、思想家、随笔家。——译者注

第三章
如何去爱？

来考虑，大人和孩子自然不一样。但就算大人和孩子不同，他们依然是平等的。关于这一点在第一章中已经论述过了。

平等关系同样适用于男女。我想当今社会中不会有太多人公然宣称男女不平等。可尽管如此，依然有不少男性认为自己的地位更高。能说出"我每周都会带你出去玩""不会让你在经济上有任何困难"这种豪言壮语的男性都会有这样的想法，实际上也会说出不平等的话，完全没有意识到自己把对方放在了比自己更低的位置上。

家人和爸爸一起出门玩会感到愉快，但这绝不是因为是爸爸带他们出门所以才感到愉快的。而经济上不占优势也绝对不意味着低人一等。

做家务与在外工作一样，同样是重要的工作。很多人因为白天在外工作，晚上回到家里后就不再做家务、照顾孩子了，其实带着因为白天没能做家务，晚上回家后做做家务的想法也挺好。留在家做家务的人也可以带着这样的想法，请白天在外工作或者上学的家人分担家务。

我很惊讶，有人会说全职太太就是被丈夫养着的人，凭什么能要求平等。如果孩子要求父母在某些事情上做出改善，有些父母会说我都为你付学费了，所以你没资格抱怨。如果父母说出这样的话，那么孩子就会因为经济上无法独立，只能对父母的话言听计从了。

如前文中所说，分工的标准不应该存在偏见。分工的内容绝不是固定的，男女在公平的基础上分工合作、共同生活，必然是婚姻生活顺利进行的重要条件。无论社会环境如何，只要两个人之间通过交流确定好分工，各自承担擅长的领域就好。

如今，男女共同在外打拼的情况并不少见，比起主动选择在外打拼，更多的情况是必须两个人同时工作才能养活一个家庭。但遗憾的是，就算男女同样在外打拼，现在依然有不少男性不一起做家务和育儿。

第三章
如何去爱？

阿德勒说:"如果男性和女性中的任意一方在结婚后希望征服对方,结果恐怕会是致命的。"

我认为这种情况不仅限于婚后。结婚前,也许会有人为了不招人讨厌而收敛自己的言谈举止。就算并非从一开始就想要征服对方,但婚姻不是节日,而是生活,人不可能在生活中永远展现自己好的方面。

我认为阿德勒提到的"男性和女性中的任意一方"也很有趣。因为女性作为征服者的夫妻并不少见。无论如何,阿德勒认为在结婚前采取期待征服对方的心态,并不是正确的婚前准备。

还要警惕男性保护女性,让女性获得幸福等论调。幸福是两个人共同努力的结果,如果一对夫妻关系平等,就不会出现只让对方获得幸福,或者只等待对方给自己幸福的想法。

那么,该如何正确地做好婚前准备呢?婚前准备从恋爱的时候就应该开始了。阿德勒将其称为"共同体感觉训练"。这项训练的其中一个意义在前文中已经提到，就是关心他人。阿德勒认为，伴侣必须关心对方甚于关心自己，这是恋爱和婚姻成功的唯一基础。另外，如果更关心对方，就说明两个人之间一定是平等的。

在第一章中曾提到一位男性为了捡眼镜，险些将未婚妻撞倒的例子。这位男性很显然是只关心自己的人。我写到独生子女不擅长配合他人，他们与他人走在一起时，有人只按照自己的步调行走，不会发现对方没有跟上。如果关心他人的话，就不会发生这样的情况。

阿德勒说，平等在任何关系中都是必要的。在情侣或夫妻中，如果两个人中有一个人总是想要教育对方，总是在批评对方，那么这种想法将会是与他有关系的人所不愿意接受的，两个人就没有做好婚前准备。

如先前所言，强迫别人爱自己，想方设法让自己被爱的关系同样不能称为平等。

第三章
如何去爱？

沉默无法带来任何交流

虽然方法称不上好，但是吵架在形式上也属于交流的一种，或许总比没有交流强。不过，吵架并非提出主张的适当方式，人在吵架时只想要弄清楚究竟谁是对的，并不能解决眼前的问题。

接下来我会告诉大家该如何去做，但在此之前，我要先谈谈一类人，他们觉得就算自己什么都不说，对方也能明白自己的感受，明白自己在想什么。

无论遇到多大的困难，哪怕所有人都能清楚看到你的困境，但如果你自己什么都不说，就不能指望有人会出手相助。或许会有人来帮助遇到困难的你，但那是别人的善意，而不是义务。

因此能独自完成，或者不得不独自完成的事情不应该请求他人的援助。但当你遇到无法独自完成的事情时，只需要开口求助就好。在工作中遇到明明做不到，或者不知该怎么做的事情时，却什么都不问，只自己尝试的人会仅仅因为不好意思询问而导致失败，并且还会给周围的人添麻烦。

哪怕自己做不到也不向他人求助，指望别人注意到自己的困境，体贴地伸出援手，这是错误的做法。只要你不开口，别人就不会明白你的想法。不能因为你不说话导致对方没能看出你的心情，就以对方不了解自己而发火。

体贴别人和期待被体贴对待同样并非平等的关系。因为这样一来就相当于让对方觉得你什么都没办法独立完成，至少是不值得依靠的。

这种情况与对对方有好感，却什么都不说一样。希望对方做什么，不希望对方做什么，这些都要明确地用语言表达出来。不要拐弯抹角地向心仪的人传达自己的心意，直接向对方说出你的想法是最简单的表达方式。

可是有很多人害怕遭到拒绝，此类人从一开始就

第三章
如何去爱？

会放弃。经常有学生来找我商量该如何踏出第一步。

"要是我被讨厌了该怎么办？"

"你试着告诉对方'我喜欢你'怎么样？"

"这样能行吗？"

"我不知道行不行，但是如果对方说讨厌你，你的感情会发生变化吗？"

"不会。"

"既然如此，把你的心意传递出去不就好了吗？"

面对我的建议，很少有人赞成，不少人对我这种过于直接的建议表示抗拒。可是如果不踏出第一步，就什么都不会发生。

如果传递出自己的心意后，得到"我很讨厌你"的回答，反而可以说是有希望。因为能说出"讨厌"，说明对方和你已经有了某些联系和情感交流。比起得到"我不了解你"的答案，"我很讨厌你"的答案则说明两个人的关系要近得多。

如果得到"我很讨厌你"的回答，就可以问对方：

"那么我该怎么做，你才能喜欢上我呢？"

很多人对直接表达感到抗拒。他们不会说"我喜欢你，你会喜欢我吗？"而是会向对方释放出愤怒或悲伤的情绪让对方顺从自己，比如通过生病引起对方的注意。

可是这样的方法不仅没办法达成让对方靠近自己的目标，反而很可能导致对方远离自己。如果不做那些试图引起关注的事情也能达到目标，那么大家是不是都会选择我刚才提到的方法，也就是直接传达自己的情绪呢？

当然，就算问出"你会喜欢我吗？"也无法保证对方能给出肯定的回应。但除此之外，确实没有其他方法能得到对方的心。

到现在为止我一直在阐述直接表达的好处，或许有人觉得这种方法在恋爱中太直白，所以我接下来会说一些与上文矛盾的内容。

有一次，我向朋友请教情书的写法。当然，我没

第三章
如何去爱？

有那么单纯，不至于完全按照朋友教我的方法去写。不过尽管我从来没想过照搬朋友的方法，可是他当时提出的建议实在与情书的内容八竿子打不着。

他让我写一封三行情书，开头是"今天，我吃了辣味鳕鱼子"。

后来，我把这件事告诉了学生。学生的反应和我一样："为什么是辣味鳕鱼子？写上更浪漫一些的食物多好。"

"今天，我吃了辣味鳕鱼子。

去买东西时，超市已经快关门了。

能买到半价商品，我很开心。"

这根本称不上情书，只是在陈述事实而已。

当时，朋友给我的建议是："不要使用感情丰富的表述，最好不要直接说'我很喜欢你'。"

"为什么？这样多简单易懂。任何事情都应该坦率直言吧？"

"不，不行。写信人的想法应该交给读信人来体会。情书不是说明文,是文学。"

我总觉得事情变得很复杂。又不能仅仅陈述事实,又不能写"我喜欢你"。我绞尽脑汁,继续思考,直到最后也没能想出合适的情书内容。

"今天,我吃了辣味鳕鱼子。

我以前很讨厌它,今天却觉得很好吃。

我身上似乎有什么东西发生了改变。"

这样确实有情书的样子了。我问朋友:"如果她看了这封信,不知道这是一封情书该怎么办?"

答案简单明了。

他说:"那就放弃吧。"

改变拐弯抹角的说话方式

回到刚才的话题,不仅是自己对对方的心意,只要有想法,就应该直接说出来。但是,人们总会对直

第三章
如何去爱？

接说出自己的想法感到迟疑。

有人说，沉默是美德。于是有些人会以此为根据，认为就算自己不说别人也应该理解自己；就算自己不开口求助，别人也应该帮助自己。如果别人无法做到，那就是他们的不对。这些人甚至将这种品质称赞为"无微不至，会体贴人"。

沉默并非等同于完全不提出自己的想法。实际上，态度、举止、气场都能展现自己的想法。比如故意大声关门、用眼泪吸引周围人的注意等。

另外，还需要考虑更复杂一些的问题。语言分为两种，一种是描述状况的语言，另一种是要求别人或拒绝别人要求的语言。"今天好热啊"属于前者，"请问能不能把空调温度调低一些"属于后者。

比起描述状况的语言，要求别人或拒绝别人要求时使用的语言更容易与其他人产生联系，因此说出口的难度要大得多。在人际关系中出现问题时，会出现虽然只是在说眼前的事，但实际上却是在要求对方，或者拒绝对方要求的状况。

比如"今天好热啊"就并非单纯描述当下状况的语言。其实是在告诉对方"我感觉热,请打开空调"。

上面的语言很容易理解,有些人认为不直接拜托别人,而是使用间接的说法会更谦虚。如果他们真正想说的话没有被别人理解,只得到了"是啊"的回答,这种时候就会出现问题。

"我肚子饿了。"

"是吗?我也饿了。"

这样便无法沟通。你不应该期待对方理解自己的想法,其实只需要问一句"你能帮我做些吃的吗?""能帮我买些吃的回来吗?"或者"要不要去吃饭?"就好。

明明是因为自己只会采取间接的表达方式,却在别人不理解自己的意图时变得具有攻击性;明明是自己不愿意说出想法,却因为别人没有按自己期待的那样去做而产生了复仇式的心态。在向对方提出要求

第三章
如何去爱？

时，如果对方接受还好，若是在对方拒绝后生气，迫使对方因为害怕而接受你的要求，这就是具有攻击性的交流方式。

另外还有复仇式的交流方式，即明明不愿意明确说出自己的想法，却在最后采用会伤害到对方的表达方式。比如"你吃完晚饭能不能去遛遛狗？""我今天累了。""那就算了，不过你明天没有晚饭吃哦。"无论在哪种情况下，伤害他人都是不好的。

如果习惯用攻击性的或者复仇式的方式交流，那么采取非主张的方式，即什么都不说反而更好。可是以长远的眼光来看，什么都不说明显会让两人之间的交流变得越来越难，因为别人是无法知道你的想法的。

若是通过体贴和关怀真的能理解别人的想法倒好，做出努力本身没有问题，但是期待别人在你什么都不说的情况下理解你的想法和感受，一定会让交流变得越来越难，因此最好避免产生这种期待。

虽然亲密关系中不需要使用敬语，但是注意措辞对经营两人的关系非常重要，因此最好能够注意以下两点。

第一，如果希望别人为自己做事情，一定不要以命令的语气要求别人。在平等关系中本来就不能下命令。用命令的语气无法给对方留下说"不"的余地。"去做……"的句式自不用说，就连"请做……"这种句式都让人难以拒绝。

不要下命令，最好用请求的语气提出要求，给对方留下说"不"的余地。这时有两种表达方式。一种是使用疑问句，比如"你能帮我……吗？"另一种是使用假设句，比如"要是你能帮我……，我会很开心。"

这种措辞给对方留下了说"不"的余地，如果采用这种措辞，对方在大多数情况下会答应我们的请求。

而且当对方接受我们的要求后，要对此表示感谢。这样一来，对方就会觉得自己做出了贡献。这也是经营关系的必要手段，而且因为两个人关系变好了，所做出的努力也会成为令人愉快的事情。

第三章
如何去爱？

共鸣的必要性

　　除了构建平等关系，另一项重要的事情是提高共鸣能力。

　　有人在陷入暗恋中时会感到痛苦，原因是没有将自己的想法传达给对方，而且也不知道对方的想法。在这个阶段，因为两个人还没有确定恋爱关系，所以当现在就出现需要烦恼的事情时，又一想到未来可能有更大的困难在等待自己，就不想再将关系更进一步了。

　　为了了解对方，必须要与对方产生共鸣。阿德勒说，共鸣能力就是同等看待自己与他人的能力。之所以几乎没有人能做好进入家庭生活的准备，是因为没有学会"用他人的眼睛去看，用他人的耳朵去听，用他人的心去感受"。

　　这些话很好理解，但实际做起来却并不简单。因为在现实中，我们只能用自己的眼睛看待事情。然而只要无法从"如果是自己（会怎么看，怎么做）"的视角中抽离出来的话，就无法理解别人的感受和想法。

可是只要还在用自己的标准看待他人，就无法注意到自己与他人的差异。结果会导致误解对方，损害两个人的关系。并不是关系亲密或者爱着对方就能理解对方的，而且由于实际上确实会出现无法理解对方的情况，所以问题并不在于不理解。如果对方对你说："你的所有事情我都了解。"你会开心吗？或许会，可是就算对方说了"所有事情"，但是你难道不会觉得无论关系多么亲密，别人都不可能完全理解你的一切吗？

问题在于有些人完全没有考虑过对方或许并无法理解自己这个问题。因为不认为别人会有与自己不同的看法，所以不去为理解对方做任何努力。

于是，为了理解对方，必须从"如果是自己（会怎么看，怎么做）"的视角中抽离出来，站在对方的立场上，同等看待自己与他人。所谓理解，正是同等

第三章
如何去爱？

看待自己与他人。

　　阿德勒举过这样的例子。这种感觉就像在剧院中与演员产生共鸣、在读书时与书中的主人公产生共鸣一样。就像看到走钢丝的杂技演员在绳索上摇晃时，感觉仿佛是自己快要掉下来；看到在众多听众前说台词的人突然忘词时，感觉自己也做了丢脸的事一样。

　　在明白人是不可能理解对方的基础上交往，或许会比以相信两个人能相互理解为前提交往更加安全。如果本以为自己了解对方，那么当对方做出超过自己理解范围的事情时就会感到惊讶，感到犹豫；而如果交往前就认为彼此不是一个星球的人，那么就算感到对方的想法和感受和自己不太一致，也不会对两个人关系的发展产生阻碍。

　　阿德勒指出，尽管不可能在任何事情上做到互相理解，但"用他人的眼睛去看，用他人的耳朵去听，用他人的心去感受"的共鸣仍是非常重要的。

　　就算能够理解对方，但理解与赞成依然是两回事。生活中会出现我理解你说的话，但我不赞成你的观点的情况。而这种情况同样不会对两个人关系的发展产生阻碍。

就算两个人交往了很长一段时间，依然会有不理解对方的地方。有时是不了解对方，有时是不知道对方如何理解自己说出的话。

这种时候只能询问。我跟学生说到这里时，有的学生会说"那多麻烦"。我对这些学生的解释是，或许确实会有些麻烦，可是当你做出努力去仔细询问后，就能了解对方，而且还能通过询问拉近和对方的关系，所以这种努力是能给你带来喜悦的。

去了解而不是去想象

理解（comprendre）在法语中有"包含""包括"的意思，而他人一定会超出"我的理解"之外（不被

第三章
如何去爱？

包含在内）。

以父母对孩子的理解为例。如果父母说出："我作为父母，是最了解孩子的人。"孩子恐怕无法认同父母的话吧。就算是自己喜欢的人，也很少有人会因为对方说出"你的事情我都明白"而百分之百感到开心吧。说出这番话的人大多数情况下明明有不了解对方的地方，却故意视而不见，将自己理想中的形象套在对方身上。

在交往前也会出现同样的情况。在连话都没有说过的时候，人们自然不能说自己了解喜欢的对象。

只因为与对方说过两三句话，就认为自己足够了解对方，这样的想法是错误的。通过语言交流，只是不至于误解对方。当然，有的人爱钻牛角尖，就算有语言交流，也会对对方产生误解，不去听超出自己理解的事情。

因此我并不相信所谓的一见钟情。森有正曾写到自己爱慕一名女性，一开始，这份感情类似于思乡之情，后来隐隐感到了这份感情中存在着一丝欲望。其实森有正从来没有和他爱慕的女性说过话。两个人之间没有任何交流。夏天结束后，她就离开了。

面对这样的女性，森有正在心里构建出了一个彻底主观的理想形象，而完全没有和对象进行过直接接触。这样的理想形象并不是那名女性本身，只不过是森有正想象中的形象。从某种意义上来说，或许森有正没有和她说过话是一件好事，她可以永远作为理想形象活在森有正的心中。但是与自己真正交往的人如果是只有这样的理想形象可就麻烦了。

关于邂逅

根据马丁·布伯[①]的理论，人们面对自我世界时

[①] 马丁·布伯：一位哲学家、翻译家、教育家，他的研究工作集中于宗教有神论、人际关系和团体。——译者注

第三章
如何去爱？

有两种态度。一种是"我—汝",一种是"我—它"。在"我—汝"的关系中,我用完整的人格面对你;而在"我—它"的关系中,我只是将你作为感知对象(它)。用前文中提到的"理解"来解释的话,不过是将对方对象化①。

"我在和汝的关系中成为自己。我通过成为自己,来与汝对话。所有真实的人生皆是邂逅。"

在"我—它"的关系中没有语言交流,将他人对象化的话,他人是无法与真正的你相遇的。哪怕是一见钟情,也不过是基于自己过去认识的人的数据,来类推如今初次相见的人。我们必须去思考,什么样的相遇才是不将他人对象化的邂逅。

我只是我,无法成为"自己"。通过与你的邂逅,我成为"自己",这样的我可以称你为"汝"。邂逅之后的我已经不再是以前的我。《圣经新约》中写道:

---

① 对象化:一种哲学概念,指世界外物在你眼中的主观表达。——译者注

"现在活着的，不再是我，乃是基督在我里面活着。"

根据马丁·布伯的描述，经历过最完美的邂逅瞬间的人，已经和没有经历过的人不同了。

在"我—汝"的关系中，我用完整的人格面对作为"汝"的你。马丁·布伯用体验（Erleben）一词来表示邂逅（Begegnung），两个词的区别于表示是否拥有"在事物表面徘徊"（er-fahren）的经历。也就是将你当作活生生的人（leben）。借用艾瑞克·弗洛姆的表达，即我存在于与你交往的经历之中。这样的邂逅是相互的，如果能够互相影响，那么两人的邂逅就会成为共生（mitleben）（这是我的想法）。

我一开始就提出，艾瑞克·弗洛姆说过只要有对象就能谈成恋爱的想法是错误的，可是如果与这名对象有了上文意义上的邂逅，情况就会有所不同。

当然，普遍意义上的相遇并非邂逅。将对方对象化的相遇无论积累多少，也不会有任何变化发生。

第三章
如何去爱？

人生中的缘分

辻邦生[1]这样描述与幸田文[2]相遇时发生的故事。那天，两个人以"人生中的缘分"为题进行对谈。当时辻邦生已经年近六十，而幸田文全身颇具清秀干净的风韵。幸田文穿着夏天的和服，挺直腰板说了下面一番话：

"今天我与辻先生结下了不错的缘分。我一直觉得自己和辻先生无缘轻易得见。因为我们完全是两个世界的人，年龄又相差甚远，我在今天遇到了原本应该在77岁的夏天得到的缘分。"

这段话描述出见到原本以为人生中"无缘轻易得见"的人时的喜悦。两个人在此前的人生中只要走偏一步，恐怕就无法相见。虽然仅仅是相遇并不是马上

---
[1] 辻邦生：日本著名小说家。——译者注
[2] 幸田文：日本随笔作家、小说家。——译者注

爱的勇气　阿德勒的幸福哲学

就能开始恋爱，但是如果相遇能够升华为幸田文口中的"缘"，或者升华为马丁·布伯口中的"邂逅"，那么相遇就会超越偶然。

佛经《涅槃经》中有"盲龟浮木"一说。深海海底住着一只巨大的盲眼乌龟，在成千上万年间，它只有一次浮出海面。当时，海面上漂浮着一根空心浮木，盲龟的头恰巧伸进了浮木的小小洞口。这个故事比喻极为罕见的偶然。

人与人的邂逅同样是盲龟浮木一般的偶然，指的是相遇的稀有，不过并没有将相遇升华到邂逅的高度。

有一个词叫啐啄同时。指的是小鸡要破壳时，母鸡必须在同一时间同一地点从外面啄破蛋壳。

人与人相遇的契机或许只能来源于外部，可是就算遇到了，如果自己没有做好准备，那么相遇只能终结于偶然，无法成为有意义的邂逅。

相亲和找工作一样。理论上来说，我们可以找任

第三章
如何去爱？

何一份工作，可实际上回过头去看，进入一家公司大多情况下纯属偶然。

与人相遇和选择工作有类似之处。保坂和志[1]的小说里有这样一句话："爱不是经过比较、讨论后选出来的，而是将偶然变成必然。每个人都是偶然被父母生下来后，就觉得父母是世界上最亲的人了，这才是爱最正确的方式。"

尽管如此，将偶然变成必然的是我们自己，爱不仅仅是相遇就可以开始的。

作为个体去爱别人

神谷美惠子在年轻时失去了恋人。她在《关于生存的意义》中引用了一名失去本该共度未来的年轻人

---

[1] 保坂和志：日本小说家。曾获得日本纯文学最高奖项"芥川奖"。——译者注

爱的勇气　阿德勒的幸福哲学

的女孩的手记：

"人生对我来说，绝对不会再回到从前的样子了。啊，从今以后，我该如何活下去，该为什么而活呢？"

太田雄三[1]查看了现存的《神谷手记》，论证了这份手记确属于神谷美惠子本人。

神谷美惠子在书中写到，从那以后，无论面对任何男性，她都只能"非个人（impersonal）地去爱"。人是否能不作为一个个体，不带个人色彩地爱别人呢？神谷美惠子口中的"非个人地去爱"，指的是用不偏不倚的公平态度去爱（在这个意义上可以想象成圣人之爱），她认为这样的自己是病态的。

暂且不提这种爱有没有可能实现，"非个人的爱"的反义词是"个人（personal）的爱"。神谷美惠子从雅斯贝斯[2]的《世界观的心理学》(*Psychologie*

---

[1] 太田雄三：日本比较文学专家。——译者注
[2] 雅斯贝斯：德国哲学家，是现代存在主义哲学的主要奠基人之一。——译者注

第三章
如何去爱？

der Weltanschauungen）中看到了一处与自己完全一致的地方。

书中描述了一个和神谷美惠子一样，失去挚爱男性的少女。"从那以后，她再也没有作为独立的个人遇到其他人。"太田雄三引用雅斯贝斯的文章时，对个人（individuum）这个词做了以下解释。

"个人是指任何人都无法替代的人。"

这里的个人本意为不可分割，阿德勒创立的个人心理学研究对象正是无法分割的个人。个人心理学不制定法则，而是陈述个性。每个人都是独一无二的，没有一般性的人，必须看清站在眼前的"这个人"。

爱同样如此，我认为"非个人"地去爱是没有意义的，或者说是不可能的。

我在前文中写过，听到"我讨厌那个人，不过我喜欢你"时不会产生被爱的感觉。爱应该是尽管我能够爱你，也能够爱他（非个人），但是我对你的爱比对任何人都深（个人），"非个人"的爱是"个人"的爱的基础。

"个人"的爱无法用其他人代替，是独一无二的我爱着同样独一无二的你。

了解彼此的生活方式

两个人不可能从一开始就能建立良好的关系。只有在不断经历失败的过程中了解彼此的生活方式，坚定相互平等的意识，共同努力解决生活中遇到的问题，才能妥善解决爱的课题。

我在前文中写到了"了解彼此的生活方式"，我认为只要能够产生共鸣，生活方式的差异就不是大问题。有时生活方式不同的两个人反而能相处得更和谐。

很多人认为同样性格的人交往时会顺利，然而有

第三章
如何去爱？

时人们跟自己一样性格的人交往的话反而无法顺利进行。因为彼此太相似，所以能够轻而易举地理解对方的感受和想法。

若对方和自己的感受、思考方式完全不同，我们确实会感到惊讶和困惑，不过了解到和自己不同的思考方式和感受方式，就能够从自己不了解的角度看待问题，可以让人生的乐趣和喜悦加倍。

我经常和妻子一起拍照。我们拍的虽然是同样的景色、同样的小鸟和蝴蝶，可拍出来的照片却完全不一样。就算从同一个方向拍同样的东西，拍出来的照片也不尽相同。面对同样的对象，我们的重点不同。正因为如此，在之后我们一起对比照片时才会感到有趣，如果妻子拍出了和我一模一样的照片，那两个人一起去拍照的意义就失去了。

各种意义上的差异，都不能成为关系不好的原因。

两种不同的生活方式

每个人都与别人不同，应该不存在生活方式完全相同的人。因此阿德勒通常不会对生活方式进行分类。不过在如何顺利处理恋爱关系的问题上，粗略的分类可以成为参考，这就是"重视完成课题型生活方式"（以下简称为"课题型"）和"重视协调人际关系型生活方式"（以下简称为"人际关系型"）。

前者指的是只关心解决眼前问题的人。对此类人来说，重要的只是完成课题，完全不在意过程中在与他人产生的摩擦。

以学生为例，这种类型指的就是能在考完试后立刻给自己打分的人。这样的学生认为正式考试中拿不到好成绩会有麻烦。在此前的模拟考试中，他们认为重要的不是考了多少分，而是通过为自己打分找到自己还没有充分理解、没有记住的知识点。这类学生往

第三章
如何去爱？

往不会因为成绩不好而与他人产生摩擦。不过如果他会因为在意自己考得不好时别人的看法，从而不敢立刻为自己打分的话，就说明这名学生比起成绩这个问题来说，更关心人际关系的课题。

老师在教课时也会犯错，犯错后改正就好，对老师来说并不是一件羞耻的事。当学生问到自己不知道的问题时，只要说一句"我会在下次上课前查到并告诉你"就可以了。

后者比起解决课题，会将解决课题时的人际关系放在第一位。此类人其实并不太关心解决课题本身，而会更关注解决课题的过程。如果事情在他们不知情的时候有了进展，事后才来征求他们的同意，他们是不会感到愉快的。哪怕其他人的解决方式是合理的，有些人只要自己没有参与就会生气。

课题型的人如果和人际关系型的人交往，就必须明白对方并不太关心解决课题本身。考虑到之后要结婚，在通知父母结婚的消息时，如果父母是人际关系型的人，最好不要事后再征求他们的同意。当然，结婚只需要双方同意就可以了，不需要考虑父母的意见，放任父母发火也不失为一种方法。不过不喜欢争吵的人则需要在向人际关系型的父母汇报结婚的消息时，事先想好应对方法。比如可以跟父亲说："其实，我想和一个人结婚。这件事还没有告诉妈妈，我想先和爸爸谈谈。如果你反对的话，就当没这回事吧。"

虽然父亲往往不会过于干涉女儿和谁结婚，但是如果在父亲不知情的情况下决定好一切，事后再去征求他同意的话，父亲知道后就很可能会反对。

我再举一个例子。当对方提出无理的要求时，如果你用一句"做不到"来回应的话，两个人的关系就会恶化。如果让对方看到你为接受他的要求做出了努力，哪怕实际上没有接受他的要求也没关系。

人际关系型的人如果和课题型的人交往，最好能理解对方在任何情况下都只会考虑课题本身。假如人

第三章
如何去爱？

际关系型的人给课题型的人打电话，但是电话没有接通，人际关系型的人就会惴惴不安，担心对方是不是出了什么事，而且还会越来越担心对方是不是讨厌自己了。

但事实并非如此。可能仅仅是课题型的人看到手机电量不多，担心回去的路上没办法打电话，所以在上课的时候关机了而已。课题型的人并不会考虑如果在另一半给自己打电话时没办法接通的情况下会怎么想。人际关系型的人只要明白了这一点，就不会再烦恼了。

前文中我写到了为男友信息数量减少而忧心的女生，这种情况同样只需要想开些，认为对方只是太忙没办法发信息就好。

相反，课题型的人要明白，人际关系型的人和自己不同，会纠结于鸡毛蒜皮的小事。所以虽然必要的时候可以关机，不过在关机前可以先给另一半发一条信息，告诉他自己的手机快没电了，需要暂时关机。

或许有人会觉得麻烦，不过为了避免关系恶化，稍稍花些时间和功夫是有必要的。

大家或许会觉得我过于强调人际关系型的人的缺点，觉得是人际关系型的人有错，他们过于在意别人的情绪。其实只要不为微不足道的事多想，适当且正确地揣度对方的心情，就能让人际关系变得更加简单且顺利。

正因为关心对方，才会尽可能努力地揣测对方的想法，希望在了解对方的基础上考虑自己能为对方做些什么。只关心自己、只考虑别人能为自己做些什么、要怎样做才能被爱的人终究会走进死胡同里。

要能想到自己可以为对方做些什么、在眼前的情况下应该怎么做，或许是需要练习的。

不去想自己能为对方做些什么的人，一旦人际关系出现问题，就会将自己当成悲剧的主人公，只会指责对方。而在这种情况下依然会去思考自己能做些什么的人，就能够找到改善关系的突破口。

第三章
如何去爱？

要坦率地面对他人

有的人没办法坦率地面对他人。

"因为这事，我们经常吵架。我该怎么样才能变得坦率而温柔呢？"

说出这番话的人与其说是没办法变得温柔，不如说是自己决定不要变得温柔。只要愿意，无法变得温柔的借口要多少有多少。既可以用过去失恋的经历做借口，也可以用自身的性格做借口。但是无论找什么样的借口，都不是真正的理由。不过是因为自己先决定不要变得温柔，之后才去寻找能作为支撑的借口。要说此类人为什么决定不要变得温柔，就是因为他们觉得变温柔后就输了。

他们的想法是：明明是对方的错，结果对方却一句道歉的话都没有，如果自己原谅了对方，就是自己输了。明明对方不能温柔地对待自己，为什么

爱的勇气　阿德勒的幸福哲学

偏要自己必须温柔对他呢？这不就意味着自己要认输吗？

另外还有一种情况，明明想说"谢谢"却没办法坦率地说出口，结果发展到吵架的地步。任何事情都能成为吵架的理由。实际上只要开始争吵，就会你一言我一语地交锋，一开始也许确实有一个造成吵架的原因，但吵到最后两个人甚至都不记得它了。

这样的两个人看上去除了吵架，就不会用其他方法来维持他们之间的联结关系。

在儿子5岁时的一天，我因为某件事情冲妻子大喊大叫。当时，儿子就待在我们身边。

他对我说："爸爸你发这么大火，你觉得妈妈还会喜欢你吗？如果妈妈不喜欢你了你要怎么办？"

不用说，那天的争吵到此为止。

难得聚在一起，天气这么好，不如两个人一起去外面散散步。两个人交往时，心里想的不都是今天要怎样度过二人世界吗？开始交往前，心里想的不都是

第三章
如何去爱？

要怎么样才能让喜欢的人注意到自己吗？现在我们却频频争吵，蓦然回首，过去仿佛是一场梦。如今想起两个人交往时的情景，却找不到无法像那时一样相处的原因。我会试着像当时那样和她交流，也许对话会有些笨拙，不过那样也挺好，不是吗？

不要总是展现自己好的一面

　　一开始，人们或许会在喜欢的人面前拼命展示自己好的一面。现在我希望大家思考的是，正因为两个人关系变好才会有争吵，就算不到争吵的地步，也会对对方出言不逊，这是自然而然的结果。如果采取粗鲁的态度，就无法保证关系能长久。可是如果总是想着展示自己好的一面，虽然确实会让两个人的关系更好，可是这份关系同样没办法长久。

　　两个人的关系仅仅因为惯性而维持是没有意义

的，要想让两个人的关系更亲密，重要的是需要明白自己是不需要总在这个人面前展示好的一面的。在其他人面前为了展示更好的自己，可以不断努力，但在这个人面前只要做自己就好，必须具有这种想法才能让两个人的关系更长久。从这个角度上来看，在恋爱的初期展示自己好的一面反而有可能制造出麻烦。

接下来，长期交往后，两个人之间一定会出现问题。比如对方的兴趣从自己转移到了别人身上。

如果即使这样也依然想要维持与他的关系，就只能下定决心与现在的他相处。对方选择谁做他的交往对象是由他决定的，你无法替对方决定。你能影响的只有你和他的关系，就算你知道他现在对其他人感兴趣，你能改变的也只有你和他的关系。而对于他和她之间的关系，你什么都做不了，因为他们的关系和你没有交集。

所以，无论对方与其他人的关系如何，你能做到

第三章
如何去爱？

的只有努力让自己和对方的关系变得更好。前文中已经提到，爱无法强迫。就算恐吓对方"你只能看着我一个人"，也没有意义。要是对方因为害怕才和你在一起，这样的关系早晚会破裂。

既然现在能够和喜欢的人在一起，就不要去想现实或幻想中的情敌，努力让自己和眼前人的关系变得更好。两人独处时，如果提到现在不在这里的人，或者责问对方是不是比起自己更喜欢其他人，那么对方是不会感觉到爱的。

关于集中力

艾瑞克·弗洛姆曾提过一个词，"集中力"。

"集中，就是指全身心地活在此时此地。"

艾瑞克·弗洛姆说："当然，最需要掌握集中力的就是相爱的人们。"如前文所述，明明两个人独处却想着其他人和事，这就是不集中精力。

"能够集中就是能够独处，能够独处，是能够爱的一项必要条件。"

无法独处，离开对方后就会感到不安，这是一种依赖关系，不是自立的爱的关系。事实上，很多人认为独处并不容易，艾瑞克·弗洛姆也说过，独自一人时会心神不宁，会惴惴不安。

只有能够独自一人生活，独处时也不会感到不安的人才能够好好享受两个人共处的时光。因为他们能全神贯注地活在当下。

俵万智[①]认为恋爱中需要"沉迷时间"，陶醉在想见你和你现在在做什么的思念中。再加上真正见面和打电话时的"爆发时间"，两种时间的张力会让恋爱变得有声有色。

俵万智用传呼机举例解释这种张力，她提到现在

[①] 俵万智：日本和歌诗人，是当代影响力最大的和歌诗人。——译者注

第三章
如何去爱？

的手机就失去了那种张力。不过我们必须思考一下是否当真如此。俵万智的朋友认为如果总是感到对方就在身边，了解对方的行动，想象力就失去了发挥的余地，俵万智也对此表示赞同。

鹫田清一认为："没有比手机更破坏人类的幻想和想象力的东西了。"

他的理由和俵万智几乎相同。如果能随时取得联系，就失去了"等待"的机会，甚至不再有想象的余地。他说："心脏不再跳动，对对方的思念也变得平平无奇。"。

不会担心不是对方本人而是父母接起电话（这种事情年轻人或许也没有经历过），也失去了电话打过去后一定要本人接起才会安心的感觉。

但是哪怕有了手机，人们也不是随时都能够毫不犹豫地打过去。而且现在依然有很多人不打电话而是选择发信息给对方，就是因为大家会顾及不能轻易打扰对方的生活，发信息是一种便捷的手段。

爱的勇气　阿德勒的幸福哲学

　　但是没有人会认为只要随时都能用手机发信息交流，就可以不用见面了吧。尽管发信息、打电话也可以沟通，但是都无法代替实际见面。在见到对方时，得到的信息量会远远多于打电话和发信息。

　　见面后，哪怕什么都不说，也能度过一段充实的时间，可是打电话时哪怕只有瞬间的沉默，也会觉得尴尬。为了避免尴尬，人们打电话时会说很多话。无论是在电话中还是见面时，如果你觉得今天说了很多话，对方就有可能觉得厌烦，或许觉得话没有说够才是最好的状态。

　　无论在任何时代中，俵万智口中的从"'沉迷时间'转变到'爆发时间'的瞬间"都不会消失。无法见面和等待不会成为两个相爱之人中间的障碍，正因为有了这段时间，见面才不是一件无聊的事情，才会感到分外喜悦。

第三章
如何去爱？

不要嫉妒

你只要仔细想想自己在什么样的情况下会感受到被爱，就会明白该如何得到爱。无论如何都想将对方据为己有的人或许不会明白，从对方那里得到自由的时候才能感受到更多的爱。

相反，得不到自由，总是感觉受到监视的时候，人是无法感受到爱的，因为会感到不被信任。我经常告诉学生，有句话绝对不能让男性说出口，那就是"你是不是不相信我"。一旦男性说出这句话，女性怀疑的事情多半就是事实，因为他们被戳到了痛处而想要否认。

按照阿德勒的说法，男性有所谓的自卑感，一旦触到他们的逆鳞，哪怕只是轻轻一碰都会夸张地跳起来否认。女性只要看到这样的反应，就应该明白自己的怀疑是对的。对女性来说，弄清这样的事实并非是多么值得高兴的事情。

亲密关系中的信任与有根据才信任的情况不同，是无条件的信任。或者说正是因为没有依据，才要信任对方。阿德勒心理学中称无条件的信任为"信赖"，和在有根据的情况下的"信用"区别开。说出"我明明很相信你，你却……"这种话的人其实从一开始就不信任对方。如果有人在任何时候都完全不会怀疑你，你就不可能背叛这个人。

因此，在想要得到对方的爱时，无论采取任何形式，只要强迫对方去爱，都会适得其反，反而让对方远离自己。

从这个角度来说，嫉妒并非良策。因为嫉妒的人会想方设法让对方只关心自己，哪怕对方稍稍表现出关心别人的样子，就会为此而生气。

上课时，我曾说过，爱就是只要自己喜欢的人能和他喜欢的人在一起并获得幸福，你就会感到开心。不过学生们断然否定了，说这不可能。而阿德勒说

第三章
如何去爱？

过,"比起自己,更关心伴侣的幸福"很重要。

有一首歌叫作《最后一支舞》(Just One Last Dance),歌词中有一段的大意是"希望你能和喜欢的人一起跳舞,但是最后一支舞请和我一起"。没有自信的人会认为如果不绑着对方,对方就会逃走,可我们必须明白,束缚对方反而会将对方推得更远。

森有正说:"爱是追求自由,但自由必然会加深爱的危机。"

当对方获得毫无束缚的自由时,便能强烈感受到给他自由的人的爱。所以我和阿德勒的想法一样,束缚、拘束和支配反而会伤害到爱。

不过自由是适用于双方的,它可能会让你的目光不再关注对方,而是转向别人。对方或者你自己都可能会爱上别人。如果你心胸宽广,能够接受这样的情况,当对方找到新的爱情时就会为他感到开心,不过实际上很多人会觉得难以做到。

亲密关系中也要注意礼貌

开始交往时会注意言行举止的人,随着交往时间的推移,言行举止渐渐变得随便,例如会说些任性的话,做些任性的事。

刚刚开始交往时,或许有人会觉得任性是可爱,因为对方的任性而感到开心。渐渐地,对方会觉得自己任性是理所当然的,那么你是否会厌倦就只是时间问题了。

有的情侣和夫妇会吵架,甚至一方或双方还会动手。只要两个人知道该如何和好,那么就算经常吵架,两个人的关系也不会走到不可修复的地步。但是阿德勒说,吵架时涌起的愤怒会使人与人之间变得疏远(disjunctive feeling)。人不可能会对冲自己发火的人产生好感。就像拿反了望远镜时一样,明明就在身边的人却变得遥远。有时两个人还会动手,所谓"暴

第三章
如何去爱？

力能够鞭策爱"的说法，不过是施加暴力的人将自己的行为正当化的说辞。就算没有动手，带着愤怒的感情说出过分的话也是一样的。希望大家明白，喜欢发泄愤怒情感的情侣和夫妇，可能会因此而结束亲密关系。

有一次，我在车里听到了一对高中情侣的对话。

"我刚开始和你交往时，你可乖了。结果现在彻底'骑在我头上'了。"

"我就是任性嘛。不过我说那些话的时候也知道自己任性。"

能明白自己任性是一件好事，但在我看来，那个女生并不清楚自己的任性会对两个人的关系造成什么样的影响。我觉得让她像刚开始交往时那样假装乖也不太好，不过当两个人关系变得更亲密后，或许她一开始还会注意措辞和态度，后来就会渐渐变成真实的自己，说些过分的话，闹别扭，发脾气。遗憾的是，没有人能保证男生会始终包容她的任性。

交往的时间长了，人们常常会忘记最初的感觉。

爱的勇气　阿德勒的幸福哲学

但是我认为这需要改变。我们是不是应该常常回想起第一次和对方相遇时对他的感觉呢？

一般情况下，完全没必要感情用事。如果因为对方的言行而想要发火，可以用语言来表达自己的心情。只要说出"你刚才的说法让我非常生气"或者"我受到了伤害"就好。说出这些话时不需要包含愤怒的感情。

来我这里咨询的人很多都喜欢感情用事。我一般会告诉他们要先学会冷静地表达自己的想法。不过有时我也会遇到声称自己绝非感情用事的人。实际上，说出这种话的人说不定是非常容易感情用事的人。有意识地控制自己不要感情用事，有时反而会让自己被感情束缚。

如果将感情直接倾注在别人身上，他们会明白你在生气，可是很难弄清楚你究竟为什么生气。所以用语言表达出自己为什么生气，对改变别人的行为很有效。

在感情的话题上我还要多说一点，有的人在别人

第三章
如何去爱？

面前乐乐呵呵，态度亲切，到了亲密的人面前却会摆臭脸。我自然不觉得这种事情有利于两个人关系的发展，不过如果对方在自己面前摆臭脸，也可以看作他在自己面前不用带着在外时的警惕，能够放松自己，这正说明自己和他关系亲近。因为总是绷着弦太辛苦，所以他在自己面前能够放松，这样想的话，或许就能原谅他偶尔摆出的臭脸了。

当然，和恋爱对象在一起时会摆臭脸的人不应该一味地接受对方的好意。就算要在外工作与他人见面，也要为自己的伴侣留下只给他一个人的时间和精力。

此时此地在一起

我在学生时代，看到刚进咖啡厅坐好就开始看漫画的男女，会感到惊讶。不过现在已经有情侣会坐在

爱的勇气　阿德勒的幸福哲学

一起,分别捧着手机和别人发信息了吧。

英国流行歌手阿尔玛·科甘(Alma Cogan)有一首歌名叫《袖珍晶体管收音机》,里面有一句歌词大意是"他每晚来见我,是为了用我的小晶体管收音机听金曲排行榜"。歌词的最后,两个人结了婚,变成了"上了年纪之后还在一起听音乐"。

也许很多年轻人不知道袖珍晶体管收音机是什么。在过去,可以随身携带的收音机和大的台式收音机还很普及,受到年轻人的欢迎。

他来见我绝不是因为我有收音机,而是为了两个人能共度一段时光。

在刚开始交往时,无论说些什么,甚至就算什么都不说,只要两个人在一起就会开心。如果能够找回当时的心情,就能永远在一起。

实际上虽然无论说什么都好,但是两个人之间并非没有不希望对方提到的话题。如果没有必要,就不要提前男友或前女友的事情。有人喜欢谈论前男友

第三章
如何去爱？

或前女友，如果你不愿意听，只要告诉对方不要再说就好。

比起以前的事情，谈论两个人现在的事情就好。难得在此时此地共处，说些不在此时此地发生的事情就太可惜了，甚至不需要考虑如何让这段关系长久地维持。长久维持关系不是目标，而是结果。相处时不需要考虑过去，也不需要考虑未来，两个人只需要好好享受此时此地在一起的时光，关系就一定能持续下去。

如果是刚开始交往的两个人，认识的时间或许并不长，但是提起过去的细枝末节，例如当时你说过些什么之类的话题，对增进两个人的关系并没有好处。

始终执着于过去的人其实只要能够忘记过去发生的事情，或者说只有在能够忘记过去的时候，才能将精神集中在现在。

人们希望集中精神，甚至想当作今天第一次见到眼前的人。前一天，他或许说过些不好听的话，但是今天他不一定会做出同样的事。这样一想，就能像第一次见到眼前的人一样开始新的一天。

人可以经常改变。眼前的人或许已经不是昨天那个他了。如果能带着今天的他已经不是昨天那个人的想法与对方相处，那么就算对方发生改变也不会在意。对方或许也无法意识到自己的变化，不过只要你用心观察，就能够发现区别。

如果能将今天当成两个人的初次见面，那么两个人相处的时候就会感到非常愉快。今天不再是昨天的重复，明天不再是今天的延长。只要将今天当成两个人关系的开始，就会有各种各样的发现。

或许有人希望每天都能见到对方，这种想法也是为了增进双方的感情。不会出现自己什么都不做，关系就变好的情况。就算对方什么都不做，你也可以为增进两人的感情做出努力。这份努力是会给你带来喜悦的。

并不是说如果活在此时此地，以前共度的时光就

第三章
如何去爱？

要当作什么也没有发生过。相反，因为你的精神集中在此时此地的每一刻，所以只要你愿意，这一天两个人之间的所有对话都能在以后的日子里想起。因为回忆这一天时，你想起的只有喜悦。

疾病和伤痛会让日常生活突然无法继续下去。这种时候，只要两个人能在一起心情就会变得喜悦。人当然不希望生病，不过要想增进两个人的感情，重要的是不要将对方的陪伴当成理所当然，哪怕对方是在没有发生特别的事情时也陪在自己身边的人。

关于异地恋

人们经常谈起有关异地恋的话题。一开始，就算两个人的距离遥远，也会自然而然地给对方频频打电话、发信息，会为见面做出努力。可是当双方工作忙起来后，就不再像最初那样，见面的频率也开始下降。见面时，比起倾诉久别重逢的喜悦，双方更愿意诉说对未来有一天能住在一起的憧憬，但是现实中却迟迟无法结束异地恋。

人们都说异地恋很难。当两个人的关系出现问题，很多异地恋情侣会将原因归结于没办法像普通的情侣那样在想见的时候随时见面，其实真正的原因却并非分隔两地。只是两个人在关系出现问题时将"异地"当成借口而已。

在某种意义上来说，能说出是异地让两个人的关系出现问题是一件值得庆幸的事情。因为如果以后在两个人结束异地恋的情况下关系出现问题时，就不能再以异地作为借口了。

无论是否异地，重要的是双方在见面时要享受当下，不要考虑以后的事情。有人会随着分别的时间渐渐接近而心神不宁，在一起时一直眉开眼笑，而在快要分别时变得心情低落。我觉得如果采取这样的态度，难得在一起的时间就被浪费了，实在可惜。

第三章
如何去爱？

最好的情况是分别后才发现没有约好下次见面的时间。只有度过一段满意的时光，尽情地享受与对方在一起，才会忘记约定下次的见面。能够度过这样一段时间的两个人不需要刻意追求下次，下次会自然而然地到来。因为两个人见面的时候，关系亲密到甚至不需要考虑下次。

然而，在没有好好享受相处时光的情况下分开的两个人会希望补偿当天的不满足感。如果分别时没有约定好下次见面的时间，甚至会担心不会再见面，所以才要约好下次见面的时间。这样的两个人说不定真的不会再见面。

不只是恋爱，在思考两个人的关系时，双方必须为之后的发展方向达成统一意见。学生时代相识相恋的情侣就算感情没有任何问题，一旦一个人决定留在当地工作，另一个人决定回到故乡，就必须为今后的发展方向做出决定。当然，双方也可以选择异地恋，不过如果两个人已经走到了考虑同居的阶段，那么异地恋能持续多久，就成为了必须解决的问题。

可以说，未来目标一致是两个人维持良好关系的必要条件之一。关于这一点，我在后文还会再讨论一次。无论两个人多么相爱，多么想共度一生、共同生活，只要未来目标不一致就会难以维系亲密关系，不过这个需要克服的困难只会增强两个人之间的羁绊，并不会让两个人渐行渐远。

关于分手

谈论恋爱时，我会犹豫提到分手这个话题是否合适。不过一辈子只谈一次恋爱的人毕竟很少，为了下一段恋爱，事先想想如何走出分手的痛苦或许是一件好事。

短语"细长的蜡烛"（taper）用作动词时表示"逐渐变窄"或者"逐渐减少"。比如用药时不能突然停

第三章
如何去爱？

药，因为会出现强烈的副作用。这种情况下，必须采用"逐渐减少"的方式，即逐渐减少分量或者减少服用次数，最终达到不用再服药的效果。

失恋的情况同样如此，当我们不得不因为某种原因与心爱的人分手时，如果不能巧妙地逐渐减少自己的痛苦情绪，就很难重新振作起来。

如果两个人去咨询，觉得两个人的关系无法再继续下去了，心理咨询师也会让两个人为重建关系做出一次努力。接受过个人心理学培训的心理咨询师会告诉他们，你们不该说出"应该离婚"这种话。就算离了婚，离婚后再婚，只要以前的生活方式没有改变，他们还会重复同样的错误。

因此阿德勒强调，咨询时应该询问这段婚姻和恋爱关系是否有成功的可能性，就算要离婚，在实际踏出离婚这一步之前也可以接受劝告。

哪怕终究还是认为无法和对方继续交往而决定分开，在此之前为重建两个人的关系做出努力也不会给双方造成损失。

前文中已经提到过关于如何重建关系的问题，下面我将为大家介绍如何巧妙运用"逐渐减少"的方法。

分手时不要感情用事。人们往往没办法说清楚为什么无法和对方继续交往下去。明明对方没有变，可是不知从什么时候开始，对方身上那些自己以前喜欢的地方现在变得厌恶了。这种情绪变化的根源在于想和对方分手的决心。如果改变这份决心，就有可能重新开始这段关系，可有时候虽然为重建关系做出各种各样的努力却依然无济于事。

刚才我已经提到，只要你下定决心分手，就不需要通过某件事来讨厌对方、憎恨对方以推动这份决心。就像我们为一些事情生气时，没有必要故意大声关门一样。

只要再过一段时间，伤口就会结痂脱落，如果强行撕开就会流血，伤口则会越来越深。

如果还在犹豫是否要分手，可以选择在一段时间

第三章
如何去爱？

里完全不和对方见面。我建议大家设定一段固定的时间，完全不与对方进行任何联系。因为一旦联系就会感到迷茫，不知道自己是不是真的喜欢对方。长时间不见面后，也许反而会平静下来。比如在两个月的时间里完全不和对方取得联系，如果两个月过后，你依然想见对方，想和对方说话，就可以朝着重建关系的方向进行努力。在亲密关系中，这样的冷却时间是必要的。

第四章 什么是婚姻？

第四章
什么是婚姻？

结婚是开始不是结束

结婚是开始，而不是结束。很多小说、电影、电视剧中会以男女主角结婚而告终，然而结婚不仅不是美满的结局，反而有可能成为不幸的开始。阿德勒说："将恋爱与婚姻视为理想状态或者故事的完美结局是错误的。他们关系的改变可能就开始于两个人结婚时。"

在结婚这个时间点上，两个人的关系只是有了可能性。也就是说，婚姻是幸福还是不幸，取决于两人婚后的努力。

有人说看到走在大街上的男女，就能知道两个人是不是已经结婚，因为结婚的夫妻看起来都不幸福。有的男性会摆出一副了不起的样子，有的女性会把买好的东西交给男性，自己昂首阔步地走在前面。这样的两个人或许会觉得婚姻能给自己带来幸福，可事实上并非如此。

和恋爱时一样，就算幸运地找到对象结婚，可更难的还在后面。如果说恋爱是节日，那么婚姻就是生活。恋爱时只需要考虑当下，不用考虑未来一起生活的事，可一旦结了婚，两个人共同生活时，遇到的就不仅是令人开心的事情了。

结婚前，两个人一起旅行是愉快的，那时一切都是"衣来伸手，饭来张口"，两个人一起的生活还没有开始。也就是说，结婚前一切都可以交给别人，自己就算什么都不做也可以吃上饭，吃完饭后也不需要洗碗。

可是婚后如果两个人不能同心协力，什么都不干是吃不到饭的，而且吃饭完后必须自己动手收拾。这就是节日和生活的区别。

第四章
什么是婚姻？

婚前准备

孩子通过观察父母的生活形成了对婚姻的印象，如果小时候见到父母婚姻破裂，是会受到影响的，长大后也许会过上和父母一样不幸的婚姻生活。

"但是"，阿德勒说，"我们知道，决定一个人的并不是他所处的环境，而是他对自身处境的解读。"

因此就算曾经有过不幸的家庭生活，也可以为了让自己的婚姻生活过得更好而做出准备。

阿德勒在相关著作中写过，为了解情侣是否为婚姻做好了准备，德国有一项风俗。在结婚典礼前，新郎和新娘会被带到一片空地上，那里有一棵被砍倒的树。两人会拿到一把双人用的锯子，一人拿起一头，在亲朋好友的见证下锯断一截树桩。

如果不相信对方，两个人只会相互拉扯。而如果由一个人主导而另一个人什么都不做，花的时间就会是两个人合作的两倍。为了避免出现这些情况，两个人必须相互合作，共同掌握主动权，配合对方的动作调整自己的力量。根据两个人采取的方式，就能看出两个人是否适合结婚。

但是，两个人共同锯木头的活动是在结婚典礼当天，大家或许会思考，如果到了那时才发现和这个人结婚不合适，该如何是好呢？

事实上就算不通过这种特殊的考验，也能看出两个人有没有做好婚前准备。通过观察两个人在日常生活中的行为，就像我之前举过的眼镜掉落时那名男性态度的例子那样，也能看出两个人是不是做好了婚前准备。

阿德勒说："没有特别的理由，却在约会时迟到的恋人不可信。"和其他人生课题一样，这件事表现出一个人在课题面前的犹豫态度。和喜欢的人交往，如果没有任何犹豫情绪，就不会在约会时迟到。

另外，不在乎是否让对方等待的人可以说是只关

第四章
什么是婚姻？

心自己，而不关心别人的人。如果真的为对方着想，就不应该没有特别的理由却在约会时迟到。

艾瑞克·弗洛姆说过："如果有一名女性对我说她很爱花，可是我却发现她总是忘记浇花，我就不会相信她爱花。爱情是对生命以及我们所爱之物的积极的关心。如果缺乏这种积极的关心，那么这只是一种情绪，而不是爱情。"

总而言之，只考虑自己的人不会关心别人。

提到犹豫，有人永远也找不到理想的结婚对象。事实上，我们周围或许确实没有理想（暂且不讨论什么是理想）的人，不过在阿德勒眼中，这就是在恋爱与婚姻的课题前犹豫的表现。

也有人会因为结婚后要生孩子而犹豫。有些人一开始就为了避免生孩子而下定决心不结婚。有些人结婚后希望扮演孩子的角色，会担心生下的孩子代替自己成为对方注意力的焦点，此前集中在自己身上的目光会消失。

爱的勇气　阿德勒的幸福哲学

也有女性担心自己生孩子之后会变得不好看,一想到生产、育儿的辛苦,就想要逃避这些只有女性会遭受的痛苦。虽然男性不能代替女性承担生产本身,但可以协助育儿,所以女性并非必须独自承担育儿时伴随的辛苦。可以认为会想到"只有女性"需要承担这些的人,不是因为有想象中的困难才害怕结婚,而是从一开始就在寻找逃避结婚的理由。

也有人认为孩子会成为两个人共同的重担,原本希望用在自己身上的时间会被孩子夺走。这种情况下,孩子的出生是不受欢迎的。

"被宠坏的孩子"结婚后可能会变身成为"暴君"。当然,对方看到伴侣婚后的改变,会感到自己成为了身陷囹圄的牺牲品,开始排斥、反抗。

也有人将孩子当成宠物,为了有一个"宠物"而生孩子。可以说这种以自我为中心的人并没有做好婚前准备。

另外,没有朋友、交友不顺、开始工作的时间较

第四章
什么是婚姻？

晚的人也没有做好婚前准备。以我自己为例，我在结婚时还在读研，没有工作，在阿德勒眼里，或许就是还没有做好婚前准备的人吧。

　　当然，阿德勒的意思并非是说有稳定的经济收入才是为结婚做好准备。我认为实际上就算收入不稳定，两个人共同努力的态度才更重要。如果只是等待运气，带着中了彩票就去结婚之类的念头，就不能说是做好了婚前准备。由此可见，结婚的课题是不能独立于其他课题单独看待的。

父母反对的婚姻

　　是否结婚，以及与谁结婚是由孩子自己决定的，我认为这是不言自明的事情。但是依然有父母会催促没有结婚的孩子快点结婚，或者在孩子想要结婚的时候反对，甚至可以说在现代社会中一定会存在这样的情况。

通过思考一件事情的结果最终会落在谁的头上，或者由谁来负最终的责任，就能明白这件事情是谁的课题。以学习为例，因为是自己想要学习知识，所以学习就是自己的课题，而不是别人的课题。

结婚同样如此，结婚是两个人的课题，就算别人反对，也只会由这两个人承担婚姻的责任。几乎所有人际关系中的矛盾都是由于擅自插手别人的课题，或者被别人插手自己的课题而引起的。

就算父母反对你结婚，也不需要听他们的话。就算父母生气，只要结婚的两个人为自己的选择负起责任就好。父母的愤怒需要他们自己想办法平息，孩子没什么能做的，也做不到平息他们的愤怒。

我对父母会反对孩子结婚的事情感到吃惊。我不认为父母能够为孩子的人生负责。就算孩子婚后的生活并不顺利，只要结婚的两个人自己想办法处理就好，这些不是父母该考虑的问题。婚前遭到父母干涉

第四章
什么是婚姻？

和反对的婚姻实际上能为两个人带来幸福的情况当然存在。尽管如此，一旦两个人由于父母的反对放弃结婚，这个责任可就很重了。父母无法承担毁掉孩子人生的责任。

所以当父母因为孩子的婚姻来和我商量时，我会对他们说："那是孩子的人生，你放手吧，又不是你要和那个人结婚。"

尽管不顾父母的反对结了婚，可是两个人在婚后的关系却正如父母料想的一样并不顺利时，不想向父母低头的孩子可能会继续维持不幸的婚姻生活。当孩子回到家时，父母千万不能说出"你看，我们说得没错吧"这种话。

没有人知道结婚后会发生什么，如果最后两个年轻人要结婚，那么父母就算反对也没有任何意义。之后明明还要共同相处，如果在结婚前反对，那么一方伴侣对他父母的印象一定不会好。

我结婚时还在读研，自然没有固定的工作，所以遭到了妻子父母的反对。他们问我"要让我们的女儿工作到什么时候",这让我大吃一惊。因为不是我让妻子工作的,是她按照自己的意愿选择了工作。

如果有结婚遭到父母反对的人来咨询,我会告诉他们不存在既能与他结婚,又不惹得父母生气或伤心的选项。说"不存在"或许太极端,如果不屈不挠地坚持说服,父母也会理解吧。但无论父母是否反对,婚姻都是你自己的课题,所以应该做的不是说服父母,而是将精力用在努力经营两个人的关系上。

不过,当孩子听到父母说出感情用事的话,比如"你要是和他结婚就是不孝"的时候,猝不及防地(在我看来)面对必须在他和父母之间做出选择时,能够说出"既然如此,我选择父母"的人还是会让我感到惊讶。做出这种选择的孩子目的明确,他们不想为自己的选择负责。你的一生究竟是为谁而过呢?如果你觉得为父母过一生也好的话,我不会阻止,如果你这一生要为自己而活,那么无论以后的婚姻生活顺不顺

第四章
什么是婚姻？

利，都必须由自己承担起全部责任。如果没有这样的觉悟就不该结婚。

虽然我在以婚姻问题为例讨论问题，不过普遍来说，要想过上幸福的生活，就不能忘记不要插手他人的课题。如果别人没有发出求助，就不要插手别人的课题。

如果不是自己的课题，却无论如何都想向别人伸出援手、给别人提供帮助的话，要事先询问别人"有什么我可以做的吗？"如果对方回答"没什么"，那么在大多数情况下，聪明的方法是你只需在旁静观。

家庭氛围

家庭氛围不是既定规则。就像讨论下次休假去哪的时候，由谁来下决定，如何决定。是父母一方说出目的地后，其他家庭成员听从；还是包括孩子在内，

爱的勇气　阿德勒的幸福哲学

所有家庭成员都拥有平等的投票权，通过讨论决定目的地，这两种家庭氛围大相径庭。

人们会无意识地受到家庭氛围的影响，因此结婚时可能会成为问题。会说出自己来带妻子和孩子出门玩的男性，恐怕他的父亲会采取同样的做法。也就是说，由父亲决定目的地，其他家人跟随他。他们甚至想不到除此之外的其他方式。如果女性在同样的家庭氛围中长大，就不会觉得男性的态度有问题。

结婚是两个成长于不同家庭的人组建新的家庭。我认为比起由夫妻一方来迁就另一方的家庭氛围，遇到问题时两个人一同探讨的家庭氛围更好。

除了家庭氛围，还有一个词叫作家庭价值。这个词指的是在家庭中有价值的因素。比如重视学历就是一种家庭价值。每个家庭的价值取向不同，当今时代，有人不重视学历，而重视生活能力以及能过苦日子的能力。

如果父母拥有同样的价值观，那么这种价值观在家庭中将变得强势。另外，如果父母拥有不同的价值观，并且不停地为此争论，那么家庭价值同样会变得强势。因为孩子会被迫面临选择，或者选择父母一方的价值观，或者选择与父母都不相同的第三种价值观。

相反，家庭价值并不强势的情况是指父母一方认为某项价值重要，而另一方并不关心，不会为此而产生争论。

不要构建以孩子为中心的家庭

结婚后生了孩子，很多夫妇就会开始用"孩子他爸""孩子他妈"称呼对方，这明显是通过孩子，即从孩子的视角来称呼对方。这种称呼方式不能说不对，不过可以说是从以夫妻两个人为中心的家庭向以孩子为中心的家庭转变的象征。

育儿过程中少不了夫妻的合作，然而一旦家庭开始以孩子为中心运转，就会因此产生矛盾。其中一个矛盾就是由于母亲与孩子紧密联结，导致父亲在家庭中遭到孤立。

哪怕在孩子出生后，依然可以努力让夫妻关系成为家庭的轴心，而不是孩子。这样一来，夫妻俩就有可能随时保持刚结婚时的感情。

具体来说就是要留出不带孩子、两个人独处的时间，在这段时间里把孩子交给别人照顾。在两个人独处时，重要的是不要提起孩子的话题，在心理上也不能惦记着孩子，比如不要在逛商店时考虑这件衣服是否适合孩子之类的事情。

两个人需要找回结婚前，或者刚刚结婚时相处的感觉。尽管我刚才说过结婚不是节日，是生活，不过偶尔过过节也能够成为过好婚姻生活的突破口。

与不构建以孩子为中心的家庭相关联，从结婚到孩子出生，或者是决定要生孩子之间会有一段过程。这件事本身不存在任何问题，不过与晚育的情况不

第四章
什么是婚姻？

同，如果很早就生下孩子，或许会出现将两个人在生孩子前必须解决的问题推后的可能。

另外，这和孩子不去学校的问题一样。在孩子的问题解决之前，夫妻的问题会被束之高阁。不仅如此，夫妻之间还有可能因为孩子的问题变得更加团结。但关键在于当孩子的问题解决后，两个人独自面对对方时，就会出现不知该如何相处的情况。

性爱是交流

前文中，我为大家介绍了阿里斯托芬的故事。他说人原本是由现在的两个人组成的，因为过于强大，被神明分成了两半。阿里斯托芬将爱情解释为希望寻找自己的另一半，回归原本的整体。如今依然有"另一半"的说法，正是因为阿里斯托芬的故事深入人心。

爱的勇气　阿德勒的幸福哲学

　　介绍这个故事时，我还提到了人在找到另一半合拢在一起后，就再也不愿意分开，饭也不吃，事也不做，直到饿死为止。为了不让人类就此灭亡，宙斯想了个办法。

　　他把原来长在背后的生殖器放在了前面，让它们在拥抱时可以直接接触。也就是说，以前生孩子不是借助男女交媾，而是在土里进行。现在通过改变生殖器的位置，两个人便可以抱着生孩子，男性也可以借拥抱而获得满足感。拥抱的状态中断后，人们便可以去做其他事情。

　　根据阿里斯托芬的说法，只有男女结合才能生出孩子。其实也会存在与生孩子无关的结合。

　　如今，男女之间也不会仅仅为了生孩子而发生关系。要说是为了什么，直截了当地说，就是为了交流。而且在这种亲密的交流中，两个人处理人际关系的方式比其他任何情况下都展现得更加清楚。

　　孤独的人恐怕就算借由性爱也没办法摆脱孤独。

第四章
什么是婚姻？

性爱无法让两个人的关系更加深入，如果两个人原本的关系就不好，那么关系也不会仅仅性爱而变好，反而会更明确地暴露出两个人的关系陷入了困境。

此时如果两个人无法同心协力，就绝对无法在性爱中得到满足。不仅是性爱发生时，亲密关系从（各个家庭有所不同）丈夫下班回家时说出"我回来了"，妻子回答"欢迎回家"时就已经开始。我的意思是亲密交流就是性爱本身，而不是为此后将要发生的性爱所做的准备。

关于离婚

在前文中，我已经提到了该如何走出分手的方法，下面，我想写些决定离婚时的情况。

有一次，我在参加朋友聚会时看到一对夫妻在拥抱，但没有人格外关注。我觉得奇怪，便询问了朋友，才得知两个人最近刚刚离婚。朋友对我说："他们虽然不能作为夫妻一起生活了，不过以后还能做朋友。"

当然，两个人在下定决心分开之前，应该已经谈过很多次了，最终才得出分开的结论。

分手时不需要带着愤怒或者憎恨的情感。这些情感可以说是为了推迟分手的时间才被创造出来的，但并不是说我们没办法和平分手。

特别是有孩子的情况，对孩子灌输"你爸爸很过分"之类的说法并不明智。因为离婚是夫妻俩的事，就算孩子不希望父母离婚，也不需要优先考虑孩子的想法。

不过，孩子确实会因为父母离婚而感到困扰，比如搬家或者改变姓氏，所以夫妻有必要和孩子商量关于离婚的事。而对孩子来说，离婚后的父母依然是自己的父母，我不认为离婚后就可以放任亲子关系不管。

第四章
什么是婚姻？

在离婚前，父母的想法是不需要永远保持一致的，孩子可以在观察父母意见不一致时他们是如何调整的过程中得到学习。但是离婚后，由于孩子不会再看到这样的场面，所以与孩子一起生活的一方必须在做决定时尽量与孩子商量。

第五章

如何构建良好的两人关系?

第五章
如何构建良好的两人关系？

无论恋爱还是婚姻，基本上都要以两人之间良好的人际关系为前提。下面让我们来思考一下，为了让我们在回顾过去时，能说出两人的关系很好，需要什么样的条件。

相互尊敬

虽然使用了"相互"一词，但是这里的意思有些不同，指的是"由我先做"。与尊重不同，这里说的尊敬是以平等关系为前提的。只有在有一定的理由重视对方的时候才会尊敬对方，这是"尊重"，却不是这里所说的"尊敬"。尊敬一个人时不会附加条件。

尊敬的语源是拉丁语，意思是再次见到、回顾。要回顾什么呢？要回顾"他对我来说是无法替代的人"的那些日子。我现在想和眼前的人一起生活，可是我们不一定能永远一起走下去。或许终有一天，我们会因为某些原因分开。因此在那一天到来之前，我会重视每一天，和对方相亲相爱地生活下去。

我觉得当今社会有太多事后才能明白的道理，人们有时会后悔，早知道会分手，就应该珍惜那些不吵架、一起度过的日子。让自己不会后悔，不断想起和眼前的人一起相亲相爱地生活的日子，这就是"尊敬"。

艾瑞克·弗洛姆认为尊敬是一种能力，能看到真实的对方，明白对方是独一无二的存在。"我希望被爱的人以他自己的方式，为了自己去成长、去表现，而不是出于服务我的目的。"这个观点和前文中提到的阿德勒的观点一致，重要的是"比起自己，更关心伴侣的幸福"。如果是只关心自身幸福的人，那么当对方的做法不符合自己的期待时，就不会承认对方的成长。因此，你不能将对方当作为你的自由服务的对象。

第五章
如何构建良好的两人关系？

尊敬是指哪怕对方出现问题，例如，患有疾病、不符合自己的期待，我依然会将他当作重要的人交往。首先要由我来向对方表达这种尊敬。

哪怕刚刚相遇时彼此都风华正茂，经过长时间的交往和婚姻生活后，彼此都会渐渐老去。年轻人或许没办法想象，可是任何人都会有年老色衰的时候，所以因为对方的容貌而结婚的人，婚姻生活很可能会变得痛苦。

就算身体还没有衰老，我们也不知道会在什么时候得病，你可能会变得无法动弹，甚至可能会在年纪轻轻的时候忘记自己和对方。

我认为大家需要思考，当对方变成这个样子时，我们究竟还能不能继续爱他。正如我刚才所说，尊敬是出发点，能让我们无论现在还是未来，无论发生什么事情都能接受真实的对方。

相互信赖

　　这里也用到了相互一词，同样是指"由我先做"的意思。关于信赖，我在前文中已经提到，信赖与信用不同，是无条件的，就算没有依据也会相信对方。当我们不知道眼前会发生什么，或者未来会发生什么的时候，脑海里会主观地补全实际上自己并不知道的事情。

　　假设有一个孩子踏实可靠，总是在认真学习，所有考试都能取得好成绩，我们就会相信他在下一次考试中一定会取得好成绩，这不能称为信赖。虽然孩子确实踏实可靠，所有人都觉得他在下次考试中一定会取得好成绩，但我们也无法得知他在真正面临下一次考试时究竟会取得什么样的成绩，但是这种情况下的相信依然不能称为信赖。真正的信赖指的是哪怕没有过去的数据作为支撑，你依然相信他。只在拥有直

第五章
如何构建良好的两人关系？

接信息或者信任基础的时候选择相信，不是真正的信赖。

因此只有当孩子说出下一次会努力时选择相信（或者说出"明天开始减肥"也可以），并不是依靠他以往取得的成绩，才是真正的信赖。当然，信赖他人并不容易，不过当我们能够随时信赖一个人时，就很难遭到背叛。当一个人说出"我没想到他是这样的人"时，说明这个人从一开始就没有信赖对方。

信赖中包含两点。首先是相信对方拥有解决问题的能力，不要自认为对方做不到一件事而插手。尽管相爱的两个人同心协力完成课题的样子很美，但是总会有些事情只能由一个人来完成。就像孩子会讨厌对自己的任何事情都要插手的父母一样，不停介入对方课题的人也会遭人厌烦吧。

在提到尊敬时，我还提到了生病。当对方生病时，看着他与病魔斗争的样子也会让你感到痛苦。可

爱的勇气　阿德勒的幸福哲学

是我们无法替他过他的人生。我们能做到的事情只有信赖对方有能力克服生病这个困难。就算对方得的是不治之症，我们也要相信他有能力接受自己的命运，克服困难。当然，当一个人遭受如此残酷的命运时，意志一定会产生巨大的波动。这种情况下，如果我们同样陷入混乱，就无法成为对方的依靠。

　　信赖的另一点是相信对方的言行必定是出于善意。这也不是一件容易的事情，不过只要想和对方构建良好的关系，就必须从自己做起，找到对方言行中的善意。

　　我举一个并非恋爱的例子。我父亲在横滨市独自生活了很长一段时间后回到老家。我以为父亲会像以前一样和我住在一起，没想到他说要住在妹妹家附近。因为那时父亲年纪已经大了，需要人照顾，所以我第一次听到父亲的决定时，误解了父亲的想法。我想父亲虽然平时是自己一个人住，不过大概是希望晚饭能和妹妹一起吃，所以才想要住在妹妹家附近的，

第五章
如何构建良好的两人关系？

实际上父亲自己也提过这一点。

虽然这的确是事实，但是更重要的原因是因为父亲有一天想到妹妹那段时间经常生病，身体不好，所以觉得"我必须住得离她近一些"。后来，父亲和我抱怨过跟妹妹的关系不好，这让我感到意外。如果父亲能把自己的想法明确地说出来，或许他们的关系就会变得不同。

善意并不容易理解。别人不会清楚地解释自己说话做事的意图来让我们理解。正因为如此，要想让两个人的关系变得更加亲密，就不能拘泥于表面的言行，而是必须努力从言行中深挖对方的善意。

除此之外，我们还要能清楚地表达自己，避免自己的言行被对方误解。虽然有时候就算你费尽口舌也会被人误解，不过至少要努力尽可能地降低自己遭到误解的可能性。

同心协力

两个人共同面对的问题需要两个人同心协力解决。只要两个人开始交往或者结了婚，就一定会遇到无法轻易解决的难题。这种情况下如果能够解决难题自然是好事，就算无法解决，只要能同心协力为解决问题而努力，两个人的关系就是好的。

就像我在当父母反对结婚时该如何做的一节中写到的那样，几乎所有人际关系中的矛盾都是由于擅自介入别人的课题，或者被别人介入自己的课题而引起的。从道理上来说，不擅自介入他人的课题确实更加安全。

虽说如此，但人没办法独自生存，总会遇到一些事情是无法靠自己一个人的力量解决的。遇到这样的情况时，需要接受别人的帮助，相反，当看到别人需要帮助时也要主动提供自己的力量。

第五章
如何构建良好的两人关系？

不过，在请求帮助时必须走完必要的程序。如果忽略了必要的程序，可能会导致两人关系恶化，关系亲密的人之间同样如此。要做的只是事先问一句"有什么我可以做的吗？"就算问过之后得到的是否定的答案，你也应该事先询问。

总之，为了避免在没弄清楚眼前的课题属于谁的情况下贸然介入别人的课题，首先要从明确课题的归属开始。不过将课题分离并不是最终目标，目标是在弄清楚课题的归属之后，同心协力地共同生活下去。

在恋爱和婚姻生活中，我们遇到的问题大多很难解决。尤其是在结婚后，需要面对的不仅是和另一半的关系，还需要处理与对方的父母还有亲人之间的关系。在孩子出生后，育儿的辛苦将同样是出乎意料的。

在这种情况下，只要两人同心协力，为解决问题而努力，哪怕最终问题没有得到解决，也能促进两人良好关系的发展。

爱的勇气　阿德勒的幸福哲学

目标一致

年轻人会遇到很多人生的岔路口。大家每次都要面临选择，决定今后的方向。比如一对大学生情侣在校期间关系很好，而毕业后两个人在什么地方工作、在什么地方定居，这些问题都不能不经过思考就草率决定。他们面临着需要考虑为了与眼前的人共同走过一生而舍弃自己的理想是否值得；有些问题无论多么爱对方都无法让步；就算没有他，也会有其他适合成为自己人生伴侣的人等问题。

在需要做出重大决定时，并没有想过会分开生活，但也不知道未来究竟会变成什么样子，这样的想法会在两个人的关系中留下一抹阴影。

有些年轻人觉得年收入高又重视家庭的人很好，仔细想来，这样的期待是无法两全的。因为年收入高的人不会早早回家，而重视家庭、希望和家人共进晚

第五章
如何构建良好的两人关系？

餐的人很难在公司得到晋升。

当然，我说的是普遍情况，并非没有年收入高又晋升快，而且能早早回家的人，不过如果在对方身上抱有很难实现两全的期待和幻想，就有必要提前和对方讨论在婚姻生活中，以什么作为优先目标了。

开始一段关系很简单。就像心理咨询一样，只要咨询师向前来咨询的人问出："您今天是为什么事情而来的？"就可以开始咨询了。可是结束咨询并不容易，如果以咨询者无法接受的方式结束，咨询者就会有被抛弃的感觉。

恋爱不一定会结束，可是一旦关系变得复杂，一开始为了能够随时分手而打好的蝴蝶结就会在不知不觉中变成死结，必须用剪刀才能剪断。

用尖锐的物体强行剪断自然会流血。为了避免发生这样的事情，两个人必须商量出一致的目标，明确将来要怎么做。并不是只要决定目标就好，两个人周围的环境会不断变化，除了确定共同目标，还需要在必要时加以修正。

　　无论在什么样的人际关系中，一旦两个人未来的目标不一致，这段关系就很难维持好。然而，虽然恋爱与婚姻的目标只要两个人同意就好，但是阿德勒认为恋爱与婚姻是社会性课题，结婚不仅仅是为了自身的幸福。结婚是为了间接性地为社会提供帮助，结婚是为了人类、好的婚姻是抚养人类下一代的最佳方式。

　　这些目标听起来远大，其实就像工作一样，我们必须考虑是不是只为了挣钱而拼命工作。在我看来，只有通过工作，以某种形式为自己生存的社会做出贡献，这份工作才有价值。

　　结婚同样如此，阿德勒认为婚姻不仅仅是为了两个人的幸福，还是为了人类，我认为这个观点并不唐突。

　　前文中我提到了柏拉图的《盛宴》中阿里斯托芬讲述的故事，如果正如阿里斯托芬所说，爱的本质是

第五章
如何构建良好的两人关系？

为了找回失去的整体性，那么找到自己失去的半身，和他融为一体就能够自我完成。这样一来，两个人只需要相互拥抱就能满足，不会继续向前迈进。

苏格拉底在美好事物的生产中看到了爱的本质，以追求不死不灭为根本。阿德勒认为结婚的目的只是养育下一代，也就是生孩子，而柏拉图则认为优秀的精神中会孕育出不死的真理（教育）。

产生共鸣

虽说不该支配他人，不过也不能失去自我去应和他人，当然，这不是说要将自己和他人当作毫无关系的个体，而是需要在保持自我的基础上与他人产生关联。

森有正在书中写过："里尔克的名字引起了我心中隐秘之处的共鸣，无论相距多远，我都能毫不犹豫、明确地感知到自己真正向往的事物。"

爱的勇气　阿德勒的幸福哲学

在这段话中，森有正提到了里尔克对他的影响方式是共鸣（在内部产生回响），这就是处理人际关系的灵感。并非支配与被支配的关系，而是在两个人完全独立的基础上在对方心中引起共鸣。

前文中我使用了"相互依存状态"一词。我解释了那不是所谓的彼此依赖，而是分别保持精神上的独立，但是并没有在存在层面上达到自我完成。为了达到自我完成，需要他人的支持，而自己也成为了他人的支撑。

需要他人的支持以及支撑他人时，尽管两个人各自独立，彼此不完整的地方却可以通过共鸣来帮助他人达到自我完成，且通过他人自己达到自我完成。于是两个人不需要形影不离，就算相距甚远（这里指的不仅仅是空间，还有时间）也能做到相互影响。

开始一段新的恋情后，开始看不同的书，听不同的音乐……我想应该有很多人有过这样的经历吧。正因为如此，和与自己不同类型的人交往是能够扩宽自

第五章
如何构建良好的两人关系？

己的世界的。前文中提到的露·莎乐美对里尔克的影响就可以说是典型的共鸣。

下面我要提到的并非恋爱中的例子。我的母亲早逝，她在晚年时读了狄奥多·施笃姆的《茵梦湖》（*Immensee*），因此我对这本书产生了兴趣，反复读过很多遍。母亲是跟我学过德语语法后，立刻开始读这本书的。我在阅读这本书的过程中，内心波涛汹涌，一直在想母亲究竟是被这本书的什么地方吸引的。阿德勒将"感受他人的心"定义为共同体感觉，或许指的就是这种经历。如今，母亲已经不在人世，而现在的我能够感受到，自己与母亲在25年前读这本书时的感受产生了共鸣。

永远留在此时此地

与一个人进入恋爱关系后，对时间以及生命的看法都会与过去不同。恐怕没有人不会去想这份爱能持续到何时。其中包含着对不知道两个人的爱今后会变成什么样子不安,不过如果两个人的关系亲密,就会期待此刻的幸福能永远持续下去。

在艾瑞克·弗洛姆看来,时间和爱情一样,都是无法拥有的东西。时间只有在此时此地才能经历。过去已经过去,未来尚未到来。时间无法拥有,只能以存在的形式经历。

幸福的两个人期待的永远不是能够无限延伸的时间。我想借艾瑞克·弗洛姆下面这段话来准确描述。

"爱情、喜悦、掌握真理的经历都并非是在时间长河中发生的,而是在此时此刻发生的。此时此地就是永远。也就是说,这些经历是超越时间的。"

比如跳舞的时候,跳舞本身自有其意义,没有人会抱着到达某种结果的目的去跳舞。

爱情的经历与跳舞时的喜悦相似。我们不可能一直跳舞,但是在跳舞的时候,我们甚至不会去想这支

第五章
如何构建良好的两人关系？

舞蹈能够跳到什么时候，而只专心享受跳舞本身。

亚里士多德将像跳舞这样的运动称为现实时态（运动中）。普通的运动有起点和终点，在到达终点前，运动始终处于尚未到达终点的未完成时态。

与之相对，现实时态中的"不断运动"是完成时态。生存也是一种现实时态。不需要想得太深奥，请大家将出生当成起点，死亡当成终点，现在自己正从起点以直线的形式向终点迈进。如果问年轻人他们正处于这个过程的哪个部分，他们会回答自己还在转折点之前。可是由于没有人知道自己未来的命运会走向何方，因此说不定自己早就已经过了转折点。

可是这种观点仅限于将人生当作有起点和终点的运动，如果将人生当作现实时态来看的话，身处人生的何处就不成问题了。因为人生永远处于完成时态，因此就连对他人英年早逝时经常用到的形容——"人生才走到一半"都失去了意义。

爱情的经历同样是现实时态。爱情没有开始、中间和结束，爱情的每一个阶段都处于完成时态。此时此刻，在无时间性下发生的爱情是否能够永远地持续下去，也将不会成为问题。

两个人经历了爱情，并没有将时间延长，而是因此得以生活在无时间性的永恒之中，他们对于人生的看法也会变得不同。如果现在自己与所爱之人得以生活在无时间性的爱中，那么死亡将不再是问题，因为只有在此时此刻过好充实的生活才重要。这才是两个人邂逅的意义。

死亡是绝对的孤独，因为任何人都不得不独自面对死亡。森有正说过："既然死是绝对的孤独，那么从出生开始的孤独就是死亡的预兆。"可是，生命中的爱情可以对抗孤独，从这个角度来看，爱情不仅是永恒的预兆，甚至可以说是永恒本身。

后记

本书中引用的柏拉图作品除了论述死亡的对话录《斐多》之外，还有论述爱情的《盛宴》和《费德鲁斯篇》。近年来，我写过一些关于疾病与死亡的书，而这本书则将焦点对准了生存与爱。

一天，我在为一个年轻人做咨询时，兴致勃勃地对恋爱进行了细致入微的剖析。前来咨询的年轻人逮住我沉默的空档赶紧说了一句："您真是经历了不少人生的考验啊。"

或许确实如此。不，或许并非如此。如果我写了一本关于恋爱的书，大家就会像看短歌[①]和俳句[②]一样，认为里面的内容全都是作者的真实经历，因为短歌和俳句的主语基本都是"我"。我在书中讲述恋爱时，也会以"我"为主语。以小说为例，

[①] 短歌：日本和歌的一种形式。——译者注
[②] 俳句：日本的一种古典短诗。——译者注

爱的勇气　阿德勒的幸福哲学

大部分读者都该明白，除了私小说[①]之外，书中的一切内容都是虚构的。

话虽如此，再怎么说是虚构，如果内容描写得不够真实，不能让读者产生这或许是作者亲身经历的想法，那么一部作品作为小说确实称不上优秀。

作品完成后，作者就无法控制读者如何理解作品了，不过我希望大家不要关注我这个人，而是将更多的注意力放在我说的话上。

正文中提到过的精神科医生神谷美惠子曾在日记中写过："我会为大家奉上我从这些经历中得出的感悟，其中与生活密切相关的感悟则是所有感悟的结晶。"

本书引用了阿德勒以及其他很多人说过的话，但是我想强调，这并非是脱离我自身的生活和思想创作出的关于爱的研究作品。

我希望读者在读过这本书后能够与书中的内容产生共鸣，书中也提出了很多具体建议，希望能够给大家以

[①] 私小说：作者以第一人称的手法来叙述故事的小说。——译者注

后记

参考。

这次，同样有很多人为这本书的完成提供了巨大帮助。

特别是京都圣卡特琳娜高中护理系的学生，这本书可以说是从我和他们的对话中诞生的。

感谢给我机会出版本书的市村敏明先生。从几年前开始，他就建议我以恋爱为主题写一本书，现在我终于完成了这部作品。

参考文献

Adler, Alfred. *Co-operation Between the Sexes*, eds. by Ansbacher H.L. and Ansbacher R.R., Norton, 1978.

Buber, Martin. *Ich und Du*, Verlag Lambert Schneider, 1977.

Freud, Sigmund. *Das Unbehagen in der Kultur*, Fischer Taschenbuch Verlag, 1994.

Burnet, J.ed. *Platonis Opera*, *5 vols.*, Oxford University Press, 1899-1906.

Fromm, Erich. *To Have or to Be?*, A Bantam Book, 1976.

Ross, W.D. (rec.) *Aristotles' Metaphysics*, Oxford University Press, 1948.

Stone, Mark and Drescher, Karen, eds., *Adler Speaks*, *The Lectures of Alfred Adler*,

参考文献

iUniverse, Inc., 2004.

アドラー、アルフレッド『生きる意味を求めて』岸見一郎訳、アルテ、二〇〇七年

アドラー、アルフレッド『教育困難な子どもたち』岸見一郎訳、アルテ、二〇〇八年

アドラー、アルフレッド『人間知の心理学』岸見一郎訳、アルテ、二〇〇八年

アドラー、アルフレッド『性格の心理学』岸見一郎訳、アルテ、二〇〇九年

アドラー、アルフレッド『人生の意味の心理学（上）』岸見一郎訳、アルテ、二〇一〇年

アドラー、アルフレッド『人生の意味の心理学（下）』岸見一郎訳、アルテ、二〇一〇年

アドラー、アルフレッド『個人心理学の技術〈I〉伝記からライフスタイルを読み解く』岸見一郎訳、アルテ、二〇一一年

愛的勇気　阿德勒的幸福哲学

アドラー、アルフレッド『個人心理学の技術〈II〉子どもの心理を読み解く』岸見一郎訳、アルテ、二〇一二年
アドラー、アルフレッド『個人心理学講義——生きることの科学』岸見一郎訳、アルテ、二〇一二年
アドラー、アルフレッド『人はなぜ神経症になるのか』岸見一郎訳、アルテ、二〇一二年
江國香織、川上弘美他『LOVERS』祥伝社、二〇〇一年
太田雄三『喪失からの出発——神谷美恵子のこと』岩波書店、二〇〇一年
神谷美恵子『神谷美恵子日記』角川書店、二〇〇二年
神谷美恵子『生きがいについて』みすず書房、二〇〇四年
岸見一郎『アドラー心理学入門——よりよい人間関係のために』KKベストセラーズ、一九九九年
岸見一郎『不幸の心理　幸福の哲学——人はなぜ苦悩するのか』唯学書房、二〇〇三年
岸見一郎『アドラーに学ぶ——生きる勇気とは何か』アルテ、二〇〇八年

参考文献

岸見一郎『高校生のための心理学入門』アルテ、二〇〇九年

岸見一郎『子育てのための心理学入門』アルテ、二〇一〇年

岸見一郎『アドラー心理学 シンプルな幸福論』KKベストセラーズ、二〇一〇年

岸見一郎『アドラー 人生を生き抜く心理学』NHK出版、二〇一〇年

岸見一郎『困った時のアドラー心理学』中央公論新社、二〇一〇年

クリシュナムルティ、J.『子供たちとの対話——考えてごらん』藤仲孝司訳、平河出版社、一九九二年

ゲイ、ピーター『フロイト〈2〉』みすず書房、二〇〇四年

サガン、フランソワーズ『ブラームスはお好き』朝吹登水子訳、新潮社、一九六一年

田中美知太郎『プラトン「饗宴」への招待』筑摩書房、一九七一年

愛的勇気　阿德勒的幸福哲学

谷村志穂「キャメルのコートを私に」『LOVERS——恋愛アンソロジー』祥伝社、二〇〇三年

俵万智『あなたと読む恋の歌百首』朝日新聞社、二〇〇一年

辻邦生、水村美苗『手紙、栞を添えて』朝日新聞社、二〇〇一年

フロム、エーリッヒ『愛するということ』鈴木晶訳、紀伊國屋書店、一九九一年

フロム、エーリッヒ『生きるということ』佐野哲郎訳、紀伊国屋書店、一九七七年

ペータース、ハインツ・フレデリック『ルー・サロメ 愛と生涯』筑摩書房、一九八五年

保坂和志『カンバセイション・ピース』新潮社、二〇〇六年

ミンコフスキー、E.『生きられる時間〈1〉現象学的・精神病理学的研究』中江育生、清水誠訳、みすず書房、一九七二年

村上春樹『村上ラヂオ』マガジンハウス、二〇〇一年

森有正『森有正全集1 バビロンの流れのほとりにて』筑

参考文献

摩書房、一九七八年

森有正『森有正全集2 砂漠に向かって』筑摩書房、一九七八年

森有正『森有正全集3 旅の空の下で』筑摩書房、一九七八年

八木誠一『ほんとうの生き方を求めて——共存のフロント構造』講談社、一九八五年

リルケ、ライナー・マリア『フィレンツェだより』森有正訳、筑摩書房、一九七〇年

鷲田清一『くじけそうな時の臨床哲学クリニック』筑摩書房、二〇一一年

鷲田清一『「聴く」ことの力——臨床哲学試論』TBSブリタニカ、一九九九年

『聖書』新共同訳、一九七八年